Oliver Roth

Schadenersatzprozesse in der Krankenpflege

Die Praxis der Beweislastumkehr im Zivilgerichtsverfahren

igel Verlag RWS

Roth, Oliver: Schadenersatzprozesse in der Krankenpflege. Die Praxis der Beweislastumkehr im Zivilgerichtsverfahren, Hamburg, Igel Verlag RWS 2014

Buch-ISBN: 978-3-95485-165-2
PDF-eBook-ISBN: 978-3-95485-665-7
Druck/Herstellung: Igel Verlag RWS, Hamburg, 2014

Bibliografische Information der Deutschen Nationalbibliothek:
Die Deutsche Nationalbibliothek verzeichnet diese Publikation in der Deutschen Nationalbibliografie; detaillierte bibliografische Daten sind im Internet über http://dnb.d-nb.de abrufbar.

INHALTSVERZEICHNIS

1. Einleitung: Die Haftung im Pflegerecht ... 5

1.1 Die ökonomische Dimension der Haftung bei Heilbehandlung ... 5

1.2. Beweislast im Pflegehaftungsrecht – Zielsetzung der Arbeit ... 6

1.3. Inhaltliche Abgrenzung und Vorgehensweise ... 8

2. Grundsätze der Haftung bei Heilbehandlung ... 10

2.1 Grundlagen des Zivilrechts ... 10

2.2 Haftung aus Vertrag (§ 611 BGB) ... 11

2.2.1 Vertragliche Trägerhaftung nach § 280 BGB ... 12

2.2.2 Trägerhaftung für eigenes Verschulden (§ 276 BGB) ... 13

2.2.3 Trägerhaftung für fremdes Verschulden (§ 278 BGB) ... 14

2.3 Organhaftung ... 15

2.4 Deliktische Haftung ... 15

2.4.1 Deliktische Haftung des Trägers für eigenes Handeln ... 16

2.4.2 Deliktische Haftung des Trägers für fremdes Handeln ... 17

2.4.3 Deliktische Haftung des Arbeitnehmers ... 18

2.5 Schadensersatz und Schmerzensgeld ... 19

2.6 Arbeitsrechtliche Haftung – Der Rückgriff des Arbeitgebers beim Pflegepersonal ... 20

3. Zivilprozessrecht ... 22

3.1 Abgrenzung materielles Recht und formelles Recht ... 22

3.2 Maximen des Zivilprozesses ... 23

3.2.1 Verhandlungsmaxime ... 23

3.2.2 Dispositionsmaxime ... 23

3.2.3 Anspruch auf rechtliches Gehör ... 24

3.2.4 Grundsatz der Mündlichkeit und Öffentlichkeit ... 24

3.2.5 Weitere Verfahrensgrundsätze ... 24

3.3 Richterrecht ... 25

3.4 Das Verfahren vor dem Zivilgericht ... 26

3.4.1 Die Klageerhebung ... 26

3.4.2 Die Haftungsprüfung vor dem Zivilgericht ... 28

3.4.2.1 Tatbestandsmäßigkeit und Rechtswidrigkeit ... 28

3.4.2.2 Die Kausalitätsprüfung ... 30

3.4.2.3 Die Schuld: Sorgfaltspflichtverletzung und deren Maßstab 31
3.4.3 Grundsätze des zivilgerichtlichen Beweisrechts 32
3.4.3.1 Beweisführung und Beweisverfahren 33
3.4.3.2 Die prozessuale Mitwirkungspflicht 35
3.4.3.3 Die Rolle des Sachverständigen 36
3.4.4 Das Ende eines Prozesses: Urteil und Rechtsmittel 38

4. Beweisführung und Beweislastumkehr im Pflegerecht 40
4.1 Die Begriffe Beweislast und Beweislastumkehr 40
4.2 Die Entwicklung der Beweislastumkehr aus dem Arzthaftungsrecht 42
4.2.1 Gefährdungshaftung und defensive Medizin 43
4.2.2 Grundsätzliche Entscheidung des Bundesverfassungsgerichts 45
4.2.3 Die Beweisregel des § 280 BGB 46
4.2.4 Die typischen Fallgruppen mit Beweiserleichterung für Patienten 47
4.2.4.1 Der Anscheinsbeweis 48
4.2.4.2 Dokumentationsmängel 50
4.2.4.3 Grobe Behandlungsfehler und mangelnde Diagnostik 51
4.2.4.4 Aufklärungsfehler 53
4.2.5 Haftungsverantwortung bei gemeinsamer Handlung von Arzt und Pflege 55
4.3 Die Haftungsverantwortung der Pflege und die beweisrechtlichen Regelungen 57
4.3.1 Die ärztliche Gesamtverantwortung 58
4.3.2 Delegationsrecht 61
4.3.2.1 Anordnungs- und Durchführungsverantwortung 62
4.3.2.2 Grundregeln der Aufgabendelegation und die Rechtsprechung 63
4.3.3 Sorgfaltspflichtverletzungen im Aufgabenbereich der Pflege 65
4.3.3.1 Grobe Pflegefehler 65
4.3.3.2 Aufsichtspflichtverletzungen 67
4.3.3.2.1 Beweislastumkehr bei Sturz eines Patienten 67
4.3.3.2.2 Selbstschädigung von Patienten in der Psychiatrie 69
4.3.3.3 Besonderer Bereich: Neugeborenenpflege und Geburtshilfe 71
4.3.3.4 Mängel in der Pflegedokumentation 73
4.3.3.4.1 Zusammenhang Pflegedokumentation und ärztliche Dokumentation 73
4.3.3.4.2 Pflegedokumentation als Urkunde 74
4.3.3.4.3 Anforderungen an die Pflegedokumentation 74
4.3.3.5 Pflegefehler Dekubitus und Beweislastumkehr 75

4.3.3.5.1 Die Entwicklung der Rechtsprechung 76
4.3.3.5.2 Sonderfall Dekubitus als Lagerungsschaden im OP 78
4.3.3.5.3 Rechtliche Bedeutung von Pflegestandards am Beispiel Dekubitushaftung 78
4.3.3.6 Organisationsversagen und Pflegetätigkeit 80
4.3.3.6.1 Mängel in der Hygiene 81
4.3.3.6.2 Fehlerhafter Einsatz von Medizingeräten u. -produkten 82

5. Zusammenfassung und Ausblick: Das Haftungsrisiko der Krankenpflege 85

6. Literaturverzeichnis: 90

Abkürzungsverzeichnis

AG	Amtsgericht
Art.	Artikel
BÄO	Bundesärzteordnung
BGB	Bürgerliches Gesetzbuch
BGH	Bundesgerichtshof
BMJ	Bundesministerium der Justiz
BverfG	Bundesverfassungsgericht
CTG	Kardiotokographie
DBfK	Deutscher Berufsverband für Krankenpflege
DNQP	Deutsches Netzwerk für Qualitätssicherung in der Pflege
EEG	Elektroenzephalographie
EKG	Elektrokardiographie
EWG	Europäische Wirtschaftsgemeinschaft
GG	Grundgesetz
GKV	Gesetzliche Krankenversicherung
GVG	Gerichtsverfassungsgesetz
i. m.	intramuskulär
JZ	Juristenzeitung (Zeitschrift)
KrPflG	Krankenpflegegesetz
LG	Landgericht
LWS	Lendenwirbelsäule
MBO-A	Musterberufsordnung Ärzte
MDK	Medizinischer Dienst der Krankenversicherung
MedGV	Verordnung über die Sicherheit medizinisch-technischer Geräte
MedR	Medizinrecht (Zeitschrift)
MPBetreibVO	Medizinproduktevertreiberverordnung
MPG	Medizinproduktegesetz
NJW	Neue Juristische Wochenschrift (Zeitschrift)
OLG	Oberlandesgericht
OP	Operation(-s)
PDL	Pflegedienstleitung
RdNr.	Randnummer
SGB I	Sozialgesetzbuch – Allgemeiner Teil
SGB V	Sozialgesetzbuch – Gesetzliche Krankenversicherung
SGB XI	Sozialgesetzbuch – Soziale Pflegeversicherung
StGB	Strafgesetzbuch
VersR	Versicherungsrecht (Zeitschrift)
ZPO	Zivilprozessordnung

1. Einleitung: Die Haftung im Pflegerecht

1.1 Die ökonomische Dimension der Haftung bei Heilbehandlung

Genaue statistische Angaben zum Ausmaß der Patientenschäden in Deutschland fehlen, jedoch gibt es Studien, Schätzungen und Hochrechnungen u. a. der Haftpflichtversicherer, die belegen, dass es jährlich ca. 30-35.000 Schadensersatzansprüche von Patienten gibt, davon werden etwa 12.000 – 15.000 vor Gericht verhandelt (vgl. Ulsenheimer 2002, § 112, RdNr. 2). Zwischen 1975 und 1990 hat sich die Zahl der Haftungsansprüche gegen Ärzte verfünffacht, mit weiter steigender Tendenz (vgl. Heidermann, RdNr. 285). Ebenso wird von einem jährlichen Anstieg des Aufwands von 10 % pro Schadensfall für die Versicherer ausgegangen. Erreichen die Schadensersatzsummen z. B. in den USA z. T. mehrfache Millionenhöhe (z. B. 8,3 Mio. $ bei Schädigung eines Kindes bei Geburt), so urteilen deutsche Gerichte weiterhin zurückhaltend: Nur 5 % der Schadensbeträge liegen über 50.000 DM (vgl. Giesen, RdNr. 59 ff.). Summen über 100.000 DM werden fast nur bei Querschnittslähmungen und schweren Patientenschäden in der Geburtshilfe erreicht. Die Prämien der Berufshaftpflichtversicherung betragen für Chefärzte mittlerweile bis 40.000 DM (vgl. Uhlenbruck/Schlund § 22, RdNr. 1).

Nach einem Bericht der Ärzte-Zeitung im Jahr 2000 schätzen Experten, dass in der BRD jährlich 400.000 Patienten falsch behandelt werden und sich die Zahl der Medizin-Toten auf bis zu 39.200 beläuft (vgl. Schell, S. 51 ff.). Wissenschaftliche Hochrechnungen belegen eine Zahl von 10.000 Todesfällen allein durch Hygienemängel. Diese Zahlen liegen deutlich höher als die Zahl der Opfer durch Verkehrsunfälle (7.749 im Jahr 1999). Die Gesamtsumme der jährlichen Schadensersatzzahlungen der Haftpflichtversicherer wurde 2001 mit ca. 390 Mio. DM beziffert (vgl. Heidermann, RdNr. 312).

W. Schell kommt zu dem Schluss: *„Es kann kein ernsthafter Zweifel daran bestehen, dass die Medizinschäden ... wahrscheinlich sogar das größte Schadensgebiet in der BRD sind."* (S. 53).

Demgegenüber darf man aber nicht vergessen, dass bei jährlich etwa 350 Mio. ambulanten und 13 Mio. stationären Behandlungen die ca. 35.000 Schadensersatzansprüche eine verschwindend geringe Anzahl sind und für eine außerordentlich niedrige Fehlerrate der Medizin in Deutschland sprechen (Ehlers/Broglie im Vorwort z. 2. Aufl., S. V).

Zum Schadensaufkommen im Bereich der Krankenpflege sind überhaupt keine verlässlichen statistischen Angaben zu erhalten. Einzig Höfert, Vorstand im Deutschen Pflegeverband e.V., gibt an, von 10.000 Arzthaftungsprozessen würden sich 1.000 auf Pflegefehler beziehen (vgl. Höfert, *Pflege i. Spannungsfeld rechtl. Anford.*,)

Angesichts dieser Schadensträchtigkeit der Heilbehandlung für Patienten ist es notwendig, dass alle Gesundheitsberufe mit den haftungsrechtlichen Konsequenzen ihres Handelns vertraut sind und auch die Pflege weiß, wie ihre Haftungsverantwortung beschaffen ist. Das Haftungsrecht ist hierbei erheblich durch höchstrichterliche Entscheidungen geprägt, denen eine hohe Verbindlichkeit in ähnlich gelagerten Fällen zukommt. Das Beweisrecht spielt bei diesen Entscheidungen eine herausragende Rolle.

1.2. Beweislast im Pflegehaftungsrecht – Zielsetzung der Arbeit

Ein eigenständiges „Pflegerecht" existiert noch nicht. Ebensowenig gibt es ein definiertes „Arztrecht". Unter Pflegerecht lassen sich alle Vorschriften aus dem arbeits-, zivil-, straf- u. sozialrechtlichen Bereich subsumieren, die die berufliche Tätigkeit der Pflegenden beeinflussen (vgl. Großkopf, *Begründ. d. Vorlesungsinhalte*). Gleiches gilt für das Arztrecht, als Ausdruck eines höheren Professionalisierungsgrads dieses Berufsstands kommt hier noch ein verbindlich gefasstes Standesrecht hinzu (z. B. Berufsordnung für deutsche Ärzte – MBO-A). Im Zuge einer allgemeinen Verrechtlichung des gesellschaftlichen und insbesondere des beruflichen Lebens nimmt jedoch die Bedeutung beider Rechtsgebiete ständig zu. Mit der fortschreitenden Entwicklung der Krankenpflege als Profession entwickelt sich zunehmend ein spezifisches Recht der Pflege in ihrer eigenen Berufsrolle. Großkopf bezeichnet die Entwicklung eines eigenständigen Rechtsgebiets Pflegerecht als einen der spannendsten Bereiche der jüngsten Rechtsentwicklung (vgl. Großkopf a. a. O.). Die Dienstleistungsberufe im Gesundheitswesen üben eine schadensträchtige Tätigkeit aus. Die medizinische und pflegerische Betreuung von Patienten birgt erhebliche Haftungsrisiken (vgl. Krause, S. 13). Das Haftungsrecht ist somit ein wichtiges Teilgebiet des Pflegerechts.

Die wesentlichen Antworten auf Fragen der Haftung für pflegerisches Handeln müssen aus dem normativen Recht des Bürgerlichen Gesetzbuchs (BGB) entnommen werden (vgl. Schell, S. 42). Sowohl bei Arzt-, wie auch Pflegehaftungsrecht müssen diese Bestimmungen durch die Rechtsprechung ausgefüllt werden. Haftungsrecht der Pflege ist somit Richterrecht (vgl. Krause, S. 13).

Auch in Pflegehaftungsprozessen kommt den beweisrechtlichen Regelungen eine entscheidende Rolle zu. Die Zivilgerichte formen Pflege- u. Arzthaftung durch beweisrechtliche Mittel. Die Pflegehaftung ist analog zum Arztrecht dabei geradezu eine Domäne der zivilrechtlich atypischen Sonderregelung der Beweislastumkehr. Die Frage der Beweislastverteilung bei den Prozessparteien ist entscheidend für den Ausgang von Zivilgerichtsverfahren. Diese geschieht selbstverständlich nicht willkürlich, sondern folgt bestimmten Regeln.

Die Beantwortung der Frage, welche Logik hinter der richterlichen Beweislastverteilung steckt und auf welchen Rechtsgedanken und Grundsätzen diese in der Pflegehaftung beruht, ist ein zentrales Anliegen dieses Buchs. Mit welchen Begründungen nehmen Gerichte eine Abkehr von der rechtsüblichen Verfahrenspraxis vor, wo wird dies angewendet und was bewirkt es? Der Handhabung und den Folgen der Beweislastumkehr in typischen Haftungssituationen durch die alltägliche Pflegetätigkeit möchte diese Arbeit nachgehen. Dabei soll der Schwerpunkt weniger auf rechtstheoretischen Überlegungen liegen, sondern auf der Praxis der Rechtsprechung, dargestellt an Fallbeispielen und in Beziehung gesetzt zu den Berührungspunkten des Pflegehaftungsrechts mit der Stellung der Krankenpflege im Gefüge der Berufe des Gesundheitswesens.

War die Krankenpflege den Juristen in der Vergangenheit ein relativ unbekanntes Gebiet, allerhöchstens im Arbeits- u. Strafrecht zur Kenntnis genommen und ansonsten ein Annex der Arzthaftung, hat sich dies geändert (vgl. Böhme 2001, Die Schwester/Der Pfleger, S. 1056). Spätestens seit Einführung des Krankenpflegegesetzes (KrPflG) 1985 und der Pflegeversicherung (SGB XI, 1994) kommt Pflege als Regelungsgegenstand einfach vor. Die von der Rechtsprechung entwickelten Grundsätze der Haftung bei Heilbehandlung stammen jedoch aus der Arzthaftung und werden in weiten Bereichen auch auf die Pflegeberufe angewendet (vgl. Krause, S. 13). Die ausgeprägte Arbeitsteilung in Krankenhäusern bedingt eine enge Verzahnung ärztlicher und pflegerischer Tätigkeit. Die Zuteilung der Haftungsverantwortung an eine der beiden Berufsgruppen im Schadensfall ist schwierig und abhängig von der Zuordnung der Ursache in einen eigenen Pflichtenkreis der Berufe (vgl. Böhme 1996, S. 317). In die Haftung nehmen kann ein Zivilgericht aber immer nur eine Partei, die für ihr Handeln auch verantwortlich ist. Der eigenständige Verantwortungsbereich der Krankenpflege ist jedoch vor allem im Krankenhaus noch mit einem Fragezeichen versehen.

Die Betrachtung des Haftungsrechts und der Beweislastverteilung auf die Parteien im Zivilprozess berührt auch die Frage, wie weit der Pflege eine eigenständige Verantwortung für ihr Tun zugeschrieben werden kann. Deshalb soll im Zusammenhang mit beweisrechtlichen Folgen auch das Problem eines „arztfreien Raums" kurz erörtert werden, dass sich besonders im kompliziert arbeitsteiligen Aufgabenfeld der Krankenhausversorgung stellt. Ob die Rechtsprechung hier im Haftungsfall zur Klärung beitragen kann, ob sie sogar einen berufs-

politischen Aspekt hat und etwa zur Diskussion über Vorbehaltsaufgaben der Pflege Beiträge liefern kann, ist eine weitere Fragestellung der Arbeit.
Die Pflege sollte nicht nur den aktuellen Stand der Rechtsprechung verfolgen, sondern sollte dabei auch die Modalitäten des Beweisrechts vor Gericht im Auge haben, um Rückschlüsse auf ihr Haftungsrisiko aus der täglichen Arbeit ziehen zu können. Mit der vorliegenden Arbeit möchte der Verfasser auch der Frage nachgehen, wie sich durch Beweislastumkehr das Haftungsrisiko in der Pflege verschärft und wie dies zu bewerten ist.

1.3. Inhaltliche Abgrenzung und Vorgehensweise

Die zivilrechtliche Haftung von Arzt und Pflege basiert auf einigen wenigen und allgemein gehaltenen Paragraphen des Rechts für jedermann im BGB. Diese abstrakten Rechtsnormen müssen vom Gericht angewendet und ausgelegt werden. Mit diesen grundlegenden Bestimmungen des materiellen Rechts zur Haftung bei Heilbehandlung beschäftigt sich der erste Teil dieser Arbeit. Mit einer kurzen Schilderung der innerbetrieblichen Regressansprüche soll ergänzend die arbeitsrechtliche Position des Arbeitnehmers dargestellt werden, da auch hiervon das Haftungsrisiko einer angestellten Pflegekraft bestimmt wird.
Das Beweisrecht wird beeinflusst von Faktoren aus dem materiellen wie aus dem formellen Recht. Eine Untersuchung der Anwendung des Beweisrechts in der Pflege berührt auch die Bestimmungen des formellen Rechts. Deshalb werden im Gliederungspunkt 3 die Grundzüge und Maximen des Zivilprozessrechts und der Zivilprozessordnung (ZPO) in konzentrierter Form wiedergegeben, soweit sie für Verfahren bei Heilbehandlung Bedeutung haben. Anhand einer kurzen Schilderung des regulären Ablaufs der Verfahren vor Gericht wird hier im Wesentlichen auf die gerichtliche Haftungsprüfung mit Betonung der wichtigen Kausalitätsfrage bei Patientenschädigung und die Rolle von Beweis und Beweisverfahren eingegangen. Der Teil des Zivilprozessrechts, der sich mit dem Vollstreckungsverfahren befasst, ist für die Untersuchung nicht relevant und wird ausgelassen.
Mit dem Gliederungspunkt 4 soll versucht werden, die mit unterschiedlicher Tragweite angewendeten Beweiserleichterungen in Pflegehaftungsprozessen besonders kennzeichnenden Fallgruppen zuzuordnen, ohne dabei ausnahmslos alle Bereiche oder auch wichtige Einzelfälle berücksichtigen zu können (z. B. Mängel in der Krankenbeobachtung). Da sich die grundsätzlichen Regelungen des Beweisrechts bei Patientenschädigung in Arzthaftungsfällen herausgebildet haben, ist es unumgänglich, zuvor die wichtigsten Fallgruppen des Arztrechts

darzulegen, bei denen es Analogien zum Pflegerecht gibt, bzw. Grenzen dieser Analogie (z.B. bei der Patientenaufklärung).

Eine Beweislastumkehr kommt auch bei fehlerhafter Aufgabendelegation zwischen Arzt und Pflege zum Tragen, weshalb auf Delegationsrecht und dabei speziell auf die Anordnungs- u. Durchführungsverantwortung ebenfalls eingegangen werden muss. Da es eine geordnete Klassifizierung typischer Fallgruppen mit Beweiserleichterungen für Patienten in der Literatur zum Pflegerecht nicht gibt, werden hier die Gebiete der Sorgfaltspflichtverletzungen im Aufgabenbereich der Pflege, die eine Beweislastumkehr signifikant hervorrufen können, wie folgt unterteilt:

1. Grobe Pflegefehler,
2. Aufsichtspflichtverletzungen, insbesondere die Problematik von Sturzverletzungen und die Selbstschädigung psychiatrischer Patienten,
3. Neugeborenenpflege und Geburtshilfe als besonders schadensträchtiger und sensibler Bereich,
4. Mängel der Pflegedokumentation,
5. Dekubitusrechtsprechung,
6. Hygienemängel,
7. Fehlerhafter Einsatz von Medizingeräten u. – produkten.

Weil sich bei Dekubitusfällen am ehesten eine Fortentwicklung in der Pflegerechtsprechung erkennen lässt, wird hierauf gesondert eingegangen, obwohl dieser Bereich dem groben Pflegefehler zuzuordnen ist. Die zunehmende Standardisierung in Medizin und Pflege hat eine Auswirkung auf die Haftung. Am Beispiel der Dekubitushaftung kann auch darauf geachtet werden, ob Pflegestandards eine Rolle spielen, wenn es darum geht, Rechtssicherheit in der Pflegehaftung herzustellen.

2. Grundsätze der Haftung bei Heilbehandlung

2.1 Grundlagen des Zivilrechts

Unter Haftungsrecht ist das Recht des fehlerhaften Handelns, das Einstehenmüssen für eine (schuldhafte) Pflichtverletzung zu verstehen (vgl. Böhme 1996, S. 2). Es wird in jedem Einzelfall gerichtlich geklärt, wer die Rechtsfolgen zu tragen hat.

Die Haftung bezieht sich auf die drei möglichen Rechtsfolgen: zivilrechtliche, strafrechtliche und arbeitsrechtliche Haftung. Bei der zivilrechtlichen Haftung kommt es zu Schadensersatz oder Schmerzensgeld (geregelt im BGB), bei der strafrechtlichen zur Bestrafung (geregelt im StGB) und bei der arbeitsrechtlichen zu disziplinarischen Maßnahmen.

Das Strafrecht sieht bei Nichteinhalten gesellschaftlicher Basisnormen Sanktionen vor, die im Interesse der Allgemeinheit als öffentliches Recht von hoheitlich-staatlicher Seite verhängt werden.

Im Zivilrecht dagegen, welches die Rechtsbeziehungen der Menschen untereinander regelt, befinden sich die Beteiligten auf einer gleichgeordneten Ebene. Es ist gesetztes (geschriebenes) Recht, welches für die objektive Rechtsordnung der BRD typisch ist und kaum noch Raum für ursprüngliches Gewohnheitsrecht lässt (vgl. Bretzinger u. a., S. 40). Bei dem Schadensersatzrecht geht es um rechtliche Ansprüche, die im Wesentlichen im Bürgerlichen Gesetzbuch geregelt sind. Das BGB legt fest, welche Rechte die Menschen im Verhältnis zueinander haben und gewährleistet die Privatautonomie der Bürger (vgl. Köhler, S. X). Die Privatautonomie (auf der Grundlage der Freiheit des Individuums, Art. 1 u. 2 GG) gestattet dem einzelnen, seine Lebensverhältnisse eigenverantwortlich zu gestalten und rechtliche Regelungen zu treffen (vgl. Bretzinger u. a., S. 100). Als geeignete Handlungsform steht dabei an erster Stelle die Vertragsfreiheit. Das Privatrecht sichert jedoch auch den Rechtsgüterschutz des einzelnen (Leben, Gesundheit, Eigentum, Vermögen, usw.). Der Staat stellt seine Gerichtsorganisation für die rechtmäßige Zuerkennung von Ansprüchen zur Verfügung, es ist jedoch der Initiative des Individuums überlassen, seine Ansprüche geltend zu machen (und ggf. zu beweisen). Zivilrechtlich werden Klagen nur auf Antrag verfolgt, man bezeichnet die beschuldigte Partei auch nicht (wie im Strafrecht) als Angeklagte, sondern man spricht von Kläger und Beklagtem.

Das BGB gliedert sich in fünf Bücher, fundamentale Bedeutung für streitige Rechtsfälle aus Medizin und Pflege hat das zweite Buch *Recht der Schuldverhältnisse* (§§ 241 bis 853). Der Begriff Schuldverhältnis ist abstrakt und zunächst schwer verständlich. Ein Schuldverhältnis liegt schlicht immer dann vor, wenn eine Person einer anderen etwas schuldet (BGB § 241, vgl. Köhler, S. XVII). Arzt und Pflege schulden die Behandlung und haben den Anspruch auf Vergütung (im Regelfall durch die Krankenversicherung), die Patienten haben Anspruch auf Leistungen der Krankenversicherung (§§ 11 – 68 SGB V), aber auch Mitwirkungspflichten (§ 60 ff. SGB I). Schuldverhältnisse können entweder durch Vertrag oder kraft gesetzlicher Anordnung (= gesetzliche Schuldverhältnisse, z. B. aus unerlaubter Handlung n. § 823 BGB) entstehen. Eine einschneidende Änderung des BGB ging vom Schuldrechtsmodernisierungsgesetz (gültig seit 1.1.2002) aus, welches hauptsächlich das Recht der Leistungsstörungen (§§ 275 ff., 323 ff.) neu geregelt hat (vgl. Köhler, S. XXV). Grundnorm des Schadensersatzes ist nunmehr:

§ 280 Abs. 1: *Verletzt der Schuldner eine Pflicht aus dem Schuldverhältnis, so kann der Gläubiger Ersatz des hierdurch entstehenden Schadens verlangen.*

Diese neue Generalklausel hat gerade für rechtliche Fragestellungen im Gesundheitswesen große Bedeutung (vgl. Großkopf/Klein, S. 178 f.). Hiernach haftet der Schuldner (z. B. ein Krankenhausträger) aus einem vertraglichen oder auch gesetzlichen Schuldverhältnis wegen jeder „Pflichtverletzung". Dies kann sich auf Hauptleistungen (Patient erleidet einen Schaden durch einen „Kunstfehler"), Nebenleistungen (Lebensmittelvergiftung durch Krankenhausküche) und Schutzpflichten (Patient stürzt wegen Unachtsamkeit der Pflegekraft) beziehen.

2.2 Haftung aus Vertrag (§ 611 BGB)

Die Voraussetzung einer Haftung aus Vertrag ist die Begründung eines Rechtsverhältnis durch übereinstimmende Willenserklärung (= Vertrag). Ein geschädigter Patient muss mit dem Anspruchgegner einen Vertrag abgeschlossen haben (vgl. Großkopf/Klein, S. 177). Begibt sich ein Patient in ärztliche Behandlung, egal ob in ein Krankenhaus oder in eine Praxis, kommt ein Behandlungsvertrag zustande, der ein Dienstvertrag nach § 611 BGB ist. Im Unterschied zum Werkvertrag wird hier dem Patienten nicht der Heilerfolg als Ergebnis der Behandlung geschuldet, sondern eine ordnungsgemäße, fehlerfreie Dienstleistung. Dem Patienten gegenüber ist dafür einzustehen, dass die Behandlung kunstgerecht, unter Einhaltung des medizinischen Standards durchgeführt wird (vgl. Uhlenbruck/Laufs § 39, RdNr. 9 u. 10). Der Misserfolg, bzw. eine Patientenschädigung allein, ist noch kein Beweis für eine schlechte Behandlung. Die Rechtsprechung kennt krankheitsbedingte Risiken als sog. „schicksalhaften Verlauf", die aufgrund der Unberechenbarkeit des menschlichen Organismus

vom Patienten als allgemeines Lebensrisiko zu tragen sind (vgl. BGH, NJW 1980, S. 1333). Typisches Beispiel dafür ist eine Wundinfektion nach einer Operation.
Gerade den Arzt trifft, durch die Einordnung des Behandlungsverhältnisses nach § 611 BGB, keine Erfolgshaftung, sondern nur eine Einstandspflicht für vorwerfbare Fehlleistungen (vgl. Uhlenbruck/Laufs § 39, RdNr. 14).
Ein Dienstvertrag liegt ebenfalls vor, bei der Einschaltung eines ambulanten Pflegediensts oder dem Bezug von Pflegeleistungen in einer stationären Pflegeeinrichtung auf der Grundlage des SGB XI (vgl. Böhme 1996, S. 143/144).

Die meisten Beschwerden über ärztliche Fehlleistungen richten sich gegen Krankenhausärzte (Giesen, RdNr. 13). Hier haftet der Krankenhausträger vertraglich durch den überwiegend vorliegenden und alle (ärztlichen und pflegerischen) Leistungen umfassenden totalen Krankenhausvertrag. Eine vertragliche Beziehung kommt nicht zwischen angestellten, behandelnden Ärzten u. Pflegepersonal und Patient zustande, sondern zwischen Patient und Träger. Gleiches gilt für Sozialstationen und Altenheime. Die Ausnahme ist der sog. gespaltene Krankenhausaufnahmevertrag, bei dem durch einen privaten Zusatzvertrag auch eine direkte vertragliche Beziehung zu einem liquidationsberechtigten Chefarzt aufgenommen wird (vgl. Giesen, RdNr. 16). Weder das Krankenpflegepersonal noch die übrigen angestellten Ärzte haften dem Patienten direkt aus Vertrag.
Zwischen einem in der gesetzlichen Krankenversicherung versicherten Kassenpatienten und dem Kassenarzt kommt nach § 76 SGB V ein privatrechtlicher Vertrag zustande, obwohl der Vertragsarzt über die Kassenärztliche Vereinigung zu dem Kostenträger Krankenkasse in einem öffentlich-rechtlichen Verhältnis steht. Somit sind Haftungsansprüche nicht öffentliches Recht, sondern vor Zivilgerichten zu verfolgen (vgl. Uhlenbruck/Laufs § 40, RdNr. 31). Steht eine Einrichtung unter öffentlich-rechtlicher Trägerschaft, so ist dennoch die Vertragsbeziehung des Patienten stets eine zivilrechtliche nach § 611 BGB, unterliegt bei rechtlichen Auseinandersetzungen dem materiellen Recht des BGB und dem formellen Recht der Zivilprozessordnung.

2.2.1 Vertragliche Trägerhaftung nach § 280 BGB

Ein Träger einer Einrichtung als Vertragspartner des Patienten hat nicht nur die Pflicht zur Erfüllung der Hauptleistung (z. B. Therapie und Pflege), sondern auch zum Unterlassen jeder Schädigung durch unsorgfältige Dienstleistung oder Verletzung von Schutzpflichten (Garantenstellung). Zuwiderhandlung ist eine Vertragsverletzung nach dem neuen § 280 BGB (vgl. Schell, S. 57). Bei Verschulden ist er schadensersatzpflichtig.

Die Pflichtverletzungen des § 280 sind im Bereich eines Trägers einer Gesundheitseinrichtung im Wesentlichen (vgl. Schell, S. 61):

Behandlungs- u. Pflegefehler, Organisationsverschulden (z. B. Kooperationsmängel), Verletzung allg. Verkehrssicherungspflichten, Aufklärungs- u. Dokumentationsmängel, Verletzung der Schweigepflicht, Aufsichtspflichtverletzung und Haftung für fehlerhafte Auswahl u. Überwachung des Personals.

Der § 280 gilt im Bereich des Gesundheitswesens vor allem in Verbindung mit den folgenden, neugesetzten Rechtsnormen (vgl. Großkopf/Klein, S. 179 u. Köhler, S. XXV):

- § 281: *Schadensersatz statt der Leistung*, da der § 280 eine Fristsetzung zur Nachbesserung vorsieht, die im Falle eines Gesundheitsschadens ja kaum geleistet werden kann.
- § 282: *Schadensersatz wegen nicht leistbarer Nebenpflicht*, Unzumutbarkeit der Leistung für den Gläubiger.
- § 283: *Schadensersatz wegen Unmöglichkeit* (mit Verweis auf § 275 *Ausschluss der Leistungspflicht bei Unmöglichkeit für jedermann),* gilt für die vom Schuldner zu vertretende Unmöglichkeit der Leistung.

Zusammen mit dem Vertragsverhältnis bildet der § 280 BGB die Anspruchsgrundlage der vertraglichen Haftung.

Ursprünglich enthielt das BGB keine Regelungen zu Schlechtleistung oder Verletzung von Nebenpflichten (z. B. Pflicht zu ärztlicher und pflegerischer Dokumentation). Hier formte die ständige Rechtsprechung durch richterliche Rechtsfortbildung den Begriff der „positiven Vertragsverletzung" (vgl. Bretzinger u. a., S. 200). Durch die Modernisierung des Leistungsstörungsrechts wurde nun auch dieser, für Heilbehandlungsprozesse bedeutsame, allgemeine Rechtsgrundsatz gesetzlich geregelt (§ 241 Abs. 2 BGB i. V. mit §§ 280 ff.; vgl. Köhler, S. XXVII u. Schell, S. 57).

2.2.2 Trägerhaftung für eigenes Verschulden (§ 276 BGB)

Nach § 276 BGB hat ein Träger einer Einrichtung bei der Haftung aus Vertrag (wie auch jeder andere Schuldner) Vorsatz und Fahrlässigkeit zu vertreten. Nach Abs. 2 des § 276 handelt fahrlässig, wer die „im Verkehr erforderliche Sorgfalt außer Acht lässt". Verletzt z. B.

ein Krankenhausträger widerrechtlich und schuldhaft seine eigenen Sorgfaltspflichten, kann dies einen Schadensersatzanspruch eines Patienten zur Folge haben (vgl. Brenner, S. 140). Dies gilt hauptsächlich für den sehr weit gefassten Bereich der Überwachungs- u. Kontrollpflichten (Organisationsverschulden, näheres s. 4.3.3.6).

2.2.3 Trägerhaftung für fremdes Verschulden (§ 278 BGB)

Ein Träger haftet generell vertraglich für ein Verschulden seines Personals wie für eigenes Verschulden. Dies bezieht sich auf alle angestellten Arbeitnehmer, im Gesetz bezeichnet als Erfüllungsgehilfen. Erfüllungsgehilfen sind Mitarbeiter aller aufbauorganisatorischen Hierarchieebenen von der Schwesternschülerin bis zum Chefarzt, solange diese in Erfüllung der dem Träger obliegenden Behandlungspflicht tätig sind (vgl. Pflüger, S. 42). Die Ausnahme ist der selbstliquidierende (Chef-)Arzt, wenn er ausschließlich in seinem eigenen Pflichtenkreis tätig ist.

Schwierigkeiten in der Rechtsprechung bereiteten mitunter die komplexen vertraglichen Konstellationen bei Fällen mit Zusammenwirken von Klinikpersonal mit Belegärzten und Beleghebammen. Der Pflichtenkreis eines selbständig tätigen Arztes in einem Krankenhaus wird von einem eigenen Leistungsbereich des Krankenhauses umlagert, und die Verschuldenszurechnung für nachgeordnetes Klinikpersonal zum Tätigsein des Arztes oder des Pflichtenbereichs des Krankenhauses ist schwierig. Beispielsweise trägt die Klinik die Verantwortung für die Bereitstellung von qualifizierten Personal (BGH, VersR. 1996, S. 976) und die sichere Gestaltung der allgemeinen Betriebsabläufe (vgl. Pflüger, S. 45) sowie für Unzulänglichkeiten in der Grund- u. Behandlungspflege durch das Pflegepersonal. Die Rechtsprechung konstruiert jedoch zunehmend eine Gesamtschuld, wo der Belegarzt wegen mangelnder Instruktion des von ihm eingesetzten Pflegepersonals der Klinik belastet wird (vgl. Pflüger, S. 46).

Von großer Bedeutung für einen klagenden Patienten ist der Umstand, dass der Träger sich seiner Haftung für Erfüllungsgehilfen nicht durch einen Entlastungsbeweis entziehen kann und so die Verantwortung an seine Angestellten verweist.

Grundgedanke dieser Garantiehaftung für Erfüllungsgehilfen ist, dass ein Träger einer Gesundheitseinrichtung durch die Tätigkeit seines Personals im eigenen Interesse seinen Geschäftskreis erweitert und deshalb das Personalrisiko zu tragen hat (vgl. Laufs § 98, RdNr. 14).

2.3 Organhaftung

Die Mitglieder eines Direktoriums einer Einrichtung bzw. ein Klinikumsvorstand werden durch Satzungen, Gesellschaftsverträge oder sonstige staatliche Organisationsvorschriften bestimmt. Sie sind deshalb „verfassungsmäßig berufene Vertreter“ des Trägers, für die dieser nach §§ 31, 89 BGB ohne Entlastungsmöglichkeit einzutreten hat (vgl. Deutsch 1999, RdNr. 248, Pflüger, S.55 ff.). Dies gilt vor allem für einen weisungsfrei leitenden Chefarzt. Hiernach werden persönliche Fehlleistungen eines Arztes mit Organstellung dem Träger angelastet, sofern er im Rahmen seiner dienstvertraglichen Aufgaben (z. B. Kontrolle und Organisation des gesamten ärztlichen Dienstes) Pflichten erfüllt, die ein Krankenhaus dem Patienten schuldet. Wird er eigenständig tätig, haftet er selbst (Grundsatz: „Wer liquidiert, haftet“ – OLG Köln, VersR. 1985, S. 844).

Verfehlt beispielsweise ein Chefarzt organisatorisch sicherzustellen, dass richtige Anwendung und Aufklärung zu von ihm eingeführter Behandlungsmethoden erfolgt (paracervicale Anästhesie i. d. Geburtshilfe – BGH, VersR. 1985, S. 598), haftet der Träger nach §§ 31, 89 BGB (vgl. Laufs § 104, RdNr. 18).

Was zweifelsfrei für den ärztlichen Direktor gilt, muss auch Gültigkeit für eine Pflegedienstleitung haben, sofern sie Mitglied des Direktoriums ist und eine den anderen Vorstandsmitgliedern vergleichbare Rolle spielt (vgl. Böhme 1996, S. 157 f.). Gleiches ist auch bei einer Heimleitung einer stationären Pflegeeinrichtung anzunehmen.

Für Patienten hatte die Organhaftung vor der Schuldrechtsreform insofern erhebliche Bedeutung, als nur hiermit ein Schmerzensgeldanspruch ohne Entlastungsmöglichkeit des Trägers hergeleitet werden konnte.

2.4 Deliktische Haftung

Die deliktische Haftung ist für Pflegekräfte wesentlich bedeutsamer als die Haftung aus Vertrag (vgl. Großkopf/Klein, S. 182 f.).

Nur mit deliktischer Haftung „aus unerlaubter Handlung“ kann eine Pflegekraft direkt für eigenes, persönliches Tun (oder Unterlassen) verantwortlich gemacht werden.

Eine Schadensersatzpflicht wird nach § 823 BGB gegenüber jedem abgeleitet, der ein dort benanntes Rechtsgut widerrechtlich und schuldhaft verletzt. Hervorgehoben sind dabei die Rechtsgüter Leben, Körper, Gesundheit, Freiheit und Eigentum. Das Recht der unerlaubten

Handlung ist inhaltlich und vom Anspruchsaufbau eng mit dem Strafrecht verwandt, was sich in der Bezeichnung „deliktische“ Haftung widerspiegelt.

Neben der Verletzung absoluter Rechtsgüter kennt § 823 BGB noch die Alternative der Verletzung von Schutzgesetzen. Dies sind nicht nur die strafrechtlichen Normen (z. B. § 223 StGB, Körperverletzung), sondern jede Rechtsnorm, die dem Schutz eines anderen zur Gefahrenabwehr dient. Beispiele im medizinischen Bereich sind dafür die Medizingeräteverordnung (MedGV), Medizinproduktegesetz (MPG) und die Röntgenverordnung.
Zu den Anspruchsgrundlagen: Steht der Tatbestand (Verletzung eines der o. g. Rechtsgüter) zweifelsfrei fest, ist die Tat rechtswidrig. Diese Rechtswidrigkeit entfällt nur durch Rechtfertigungsgründe (Notwehr § 227 BGB, Notstand § 228 BGB, Selbsthilfe § 229 BGB). Der Täter muss verschuldensfähig sein (gemäß §§ 827, 828 BGB) und nach § 276 BGB fahrlässig oder vorsätzlich gehandelt haben.
Im medizinischen Bereich ist in der Regel davon auszugehen, dass Vorsatz (Wissen und Wollen der Schadenszufügung) ausscheidet (vgl. Brenner, S. 148).
Deliktische Haftung und Haftung aus Vertrag bestehen nebeneinander, überlagern sich und sind inhaltlich weitgehend identisch, d. h. ein Patient kann sich bei einer Schadensersatzklage auf beide Haftungsarten berufen und so gleichzeitig alle beteiligten Personen (Träger, Arzt und Pflegepersonal) beklagen (vgl. Laufs § 97,RdNr. 10). Beide Haftungsarten erfordern eine objektive Sorgfaltpflichtverletzung, die bei der Patientenbehandlung gültigen Sorgfaltspflichten sind vertraglich wie deliktisch grundsätzlich identisch (BGH, NJW 1989, S. 767) und unterliegen dem Verschuldensprinzip.
Der Versuch, seitens des Trägers etwa in seinen Allgemeinen Geschäftsbedingungen eine Haftung für Fahrlässigkeit vertraglich auszuschließen, ist rechtlich unzulässig (Laufs § 97, RdNr. 17).

2.4.1 Deliktische Haftung des Trägers für eigenes Handeln

Ansprüche aus § 823 können von Patienten immer nur gegen denjenigen geltend gemacht werden, der einen Schaden direkt verursacht hat, deshalb haftet ein Träger zunächst einmal grundsätzlich nicht aus diesem Paragraphen, da er nicht selbst handelt (vgl. Böhme 1996, S. 156.).
Eine Haftung auf dieser Grundlage kommt jedoch zustande bei der Verletzung von Verkehrssicherungspflichten (Organisationsverschulden). Diese kann sich zum einen durch das Fehlen

einer Organisation (z. B. Nichteinsetzen einer verantwortlichen Person) und zum anderen durch eine unrichtige Organisation der die Sicherheit des Patienten garantierenden Funktionsabläufe äußern (vgl. Deutsch 1999, RdNr. 239 ff.).
Ein Träger einer Gesundheitseinrichtung unterliegt generellen Planungs-, Leitungs- u. Kontrollpflichten, die dem Verkehrspflichtenkonzept des § 823 entsprechen (vgl. Pflüger, S. 250).
Diese Organisationspflichten reichen sehr weit in ärztlich - pflegerische Tätigkeitsbereiche hinein und führen in der juristischen Literatur zu der Wertung, dass die Organisationspflichtverletzung als gelungener Versuch der Rechtsprechung angesehen wird, die Haftung der Behandlungsseite beim Träger zu bündeln (vgl. Pflüger, S. 227 ff., insb. Fußnote 2, S. 228).
Als forensisch bedeutend identifiziert *Pflüger* acht Bereiche (Fallgruppen), wo mögliche Organisationsfehler zu einer Trägerhaftung aus eigener, unerlaubter Handlung führen können (vgl. S. 125 ff.):

- Personaleinsatz und Personalüberwachung
- Interdisziplinäre ärztliche Zusammenarbeit
- Organisation der Patientenaufklärung
- Anwendung von Arzneimitteln, Blut und Blutprodukten
- Einsatz von Medizinprodukten
- Hygiene und Infektionsschutz
- Kommunikation, Dokumentation und Information
- Allgemeine Aufenthaltssicherung

2.4.2 Deliktische Haftung des Trägers für fremdes Handeln

Nach § 831 BGB haftet ein Träger für Schadenszufügung durch seine Mitarbeiter (sog. Verrichtungsgehilfen) nicht aus Vertrag, sondern aus unerlaubter Handlung. Diese Geschäftsherrenhaftung basiert auf der Vermutung eines eigenen Verschuldens seitens eines Trägers für mangelhafte Auswahl und Kontrolle des angestellten Personals (vgl. Großkopf/Klein, S. 184). Aus dieser Haftung kann sich der Geschäftsherr allerdings (im Unterschied zu § 278 BGB) befreien, wenn er nachweisen kann, dass er bei der Auswahl des Personals, bei der Beschaffung von Gerätschaften oder Vorrichtungen und der Leitung (Überwachung) der Mitarbeiter die im Verkehr erforderliche Sorgfalt beachtet hat und ein Schaden auch bei Anwendung dieser Sorgfalt aufgetreten wäre (vgl. Rehborn, S. 150).
Dieser Entlastungsbeweis ist prinzipiell möglich, doch schwer zu führen. Die ständige Rechtsprechung hat im Bereich der Heilbehandlung diese Exculpationsmöglichkeit durch hohe

Anforderungen sehr erschwert (vgl. Laufs § 97, RdNr. 12) und dadurch der Einstandspflicht für Hilfspersonen nach § 278 praktisch angenähert. In der neueren Rechtsprechung lässt sich kein Fall finden, der zugunsten z. B. eines Krankenhausträgers entschieden worden wäre (vgl. Pflüger, S. 60), und so tauchen in den Urteilsbegründungen obligatorisch Sätze auf, wie *„Dieser Beweis ist von der Beklagten (*Krankenhaus) *nicht geführt und kann ... von ihr auch nicht erbracht werden."* (NJW 1991, S. 1541 – als ein Beispiel von vielen).

2.4.3 Deliktische Haftung des Arbeitnehmers

§ 823 BGB ist die alleinige Anspruchsgrundlage gegenüber Krankenpflegepersonal und Angehörige anderer Berufe im Gesundheitswesen direkt.

In der Praxis verklagen Patienten(anwälte) meist, wegen der schwierigen Vertragsbeziehungen und Unterstellungsverhältnisse im Krankenhaus, alle unmittelbar und mittelbar an der Behandlung Beteiligten gemeinsam (vgl. Ehlers, RdNr. 718). Dem Patienten steht es frei, Krankenschwester, Arzt und Träger gemeinsam als Gesamtschuldner (§ 421 BGB) zur Verantwortung zu ziehen (vgl. Pflüger, S. 78).

Nicht übersehen werden darf dabei der Vorteil auf Patientenseite, dass es hierdurch zu einer gemeinsamen Parteirolle der Beklagten kommt und diese dadurch nicht mehr als Zeugen (ev. zugunsten des Trägers) vernommen werden können.

Der § 840 BGB regelt die Möglichkeit, den Schadensersatz von jeder einzelnen Prozesspartei in voller Höhe zu verlangen. Allerdings ist der Geschädigte nur einmal berechtigt, diese Forderung zu erhalten (vgl. Großkopf/Klein, S. 189). Zum Ausgleichsanspruch der Beklagten zueinander im Innenverhältnis, siehe 2.6.

Eine alleinige unmittelbare Inanspruchnahme des Pflegepersonals durch Patienten ist jedoch selten (vgl. Brenner, S. 154) und die persönliche Verurteilung zu Schadensersatzleistungen von Pflegekräften erfolgt nur vereinzelt.. Ein seltenes Beispiel war das Urteil des OLG Köln (MedR. 1993, S. 235), wo Pflegepersonal zur Verantwortung gezogen wurde, dass einen psychiatrischen Patienten ohne vorherige schriftliche Anordnung im Bett fixierte, dabei nicht optisch überwachte und zudem den diensthabenden Arzt davon nicht unterrichtet hatte.

2.5 Schadensersatz und Schmerzensgeld

Die Grundregel des § 249 BGB besagt, dass ein Geschädigter (Patient) so zu stellen ist, als wäre der zu Ersatz verpflichtende Zustand nicht aufgetreten und gilt für Ansprüche sowohl aus Delikt, wie aus Vertrag (vgl. Großkopf/Klein, S. 185 ff.). Dabei kann grundsätzlich Naturalrestitution (Wiederherstellung des ursprünglichen Zustands) oder Geldersatz gefordert werden. Der Sinn ist nicht eine Bestrafung, sondern die Eliminierung des entstandenen Schadens.

Ein Schaden ist jede Einbuße, die jemand an seinen Lebensgütern (z. B. Gesundheit, Ehre, Eigentum) erleidet. Man unterscheidet materielle Schäden (Vermögensschäden) und immaterielle Schäden.

Im Gesundheitsbereich sind mögliche Vermögensschäden (finanziell u. U. sehr weitreichend):

- Heilungs- u. Pflegekosten
- Rehabilitationskosten
- Verdienstausfall
- Rentenzahlungen (bei Erwerbs- u. Berufsunfähigkeit)
- Zahlungen für Hilfsmittel (z. B. Rollstuhl oder Umbaumaßnahmen d. Wohnung).

Immaterielle Schäden sind jede Einbuße an immateriellen Gütern (haupts. Körper, Gesundheit, Freiheit). Hier einen Ausgleich zu schaffen, ist die Funktion des Schmerzensgelds. Festgelegt wird dies durch den ebenfalls bei der Schuldrechtsreform neugeregelten § 253 BGB, der eine „billige Entschädigung in Geld“ vorsieht, bei Schäden, die nicht Vermögensschäden sind. Hier soll mit Geld ein Ersatz geleistet werden für körperliche Schmerzen, seelische Leiden und den Verlust physischer und psychischer Funktionen (vgl. Laufs § 103, RdNr. 1). Neben dieser Genugtuungsfunktion hat das Schmerzensgeld eine „Würdefunktion“ (vgl. Brenner, S. 170). Die Schmerzensgeldbemessung muss angemessen die Würde und Persönlichkeit des Menschen (Art. 1 u. 2 GG) berücksichtigen. In diesem Sinne hat beispielsweise der Bundesgerichtshof 1993 ein (auf den ersten Blick erstaunliches) Schmerzensgeld in Höhe von 25.000 DM für die fahrlässige Vernichtung von tiefgefrorenem Spendersperma in einer Klinik zugestanden, weil so der Betroffene eventuell in seiner Möglichkeit gehindert wurde, eigene Nachkommen zu haben (vgl. Giesen, RdNr. 56).

Der primäre Wunsch liegt für Patienten bei Heilbehandlungsfällen sicherlich in der Erlangung eines finanziellen Ausgleichs in Form des Schmerzensgelds. Vor der Schuldrechtsreform war ein Schmerzensgeld nur aus der deliktischen Haftung zu erhalten. Nun ist dieses auch aus der vertraglichen Haftung möglich. Für Patienten hat sich dadurch der Schmerzensgeldanspruch drastisch erweitert. Konnte sich früher der finanzkräftigste Prozessgegner des Patienten, der

Träger der Einrichtung, gerade hier (wenn auch real nur sehr schwer) entlasten, so besteht ja vertraglich keinerlei Möglichkeit, der Einstandspflicht für Arbeitnehmer zu entgehen. Nunmehr erhält der Patient auf jeden Fall das gewünschte Schmerzensgeld auch aus vertraglicher Haftung, ohne dass sich der Träger dieser Forderung entziehen kann.

2.6 Arbeitsrechtliche Haftung – Der Rückgriff des Arbeitgebers beim Pflegepersonal

Zahlt z. B. ein Krankenhaus - od. Altenheimträger den gesamten Schadensersatz, so kann er unter bestimmten Umständen vom Pflegepersonal oder Arzt den Betrag zurückfordern (vgl. Großkopf/Klein, S. 190). Umgekehrt gilt dieser Regressanspruch auch, wenn das Pflegepersonal allein zur Verantwortung gezogen wurde.

Der Rückerstattungsanspruch des Arbeitgebers setzt voraus (vgl. Brenner, S. 162 ff.):

- die vorsätzliche Verletzung einer arbeitsrechtlichen Sorgfaltspflicht beim Arbeitnehmer,
- die grobe Fahrlässigkeit der Handlung des Angestellten,
- bei normaler Fahrlässigkeit (mittlerer Grad) erfolgt quotale Aufteilung unter Berücksichtigung von Zumutbarkeit und Betriebsrisiko.

An die grobe Fahrlässigkeit (objektiv schwerer und subjektiv nicht entschuldbarer Verstoß) wird arbeitsgerichtlich ein so strenger Maßstab angelegt, dass die Rechtsprechung in den seltensten Fällen (Ausnahme: z. B. Alkoholkonsum im Dienst) ein Vorliegen dieser annimmt. Die Beweislast für grobe Fahrlässigkeit liegt außerdem uneingeschränkt beim Arbeitgeber.

Bei leichter Fahrlässigkeit ist der Arbeitnehmer von Regressforderungen freigestellt.

Festzuhalten ist, dass die zivilgerichtliche Feststellung eines groben Pflegefehlers noch nicht gleichzusetzen ist mit einer groben Fahrlässigkeit der Pflegekraft vor dem Arbeitsgericht (vgl. Pflüger, S. 80). Der grobe Fehler muss hier auch subjektiv unentschuldbar sein, insofern gilt ein strengerer Maßstab.

Werden umgekehrt Arzt oder Pflegekraft vom Patienten in Anspruch genommen, können sie auf Grundlage der Fürsorgepflicht des Arbeitgebers (§§ 257, 670 BGB) Freistellung, bzw. Erstattung verlangen.

Analog zu den Landesbeamtengesetzen für beamtete Arbeitnehmer, beschränkt der § 14 des BAT den Rückgriff des öffentlich-rechtlichen Arbeitgebers ebenfalls auf Vorsatz und grobe Fahrlässigkeit. In der Praxis sind die Rückgriffsregeln für privatrechtlich und öffentlich-rechtlich beschäftigte Arbeitnehmer gleich (vgl. Pflüger, S. 82).

Für die Krankenpflege spielt es letztlich keine Rolle, ob sie oder der Arbeitgeber vom Patienten unmittelbar haftungsrechtlich in Anspruch genommen wurde (s. Brenner, S. 165 f.). Dies bedeutet jedoch noch keine generelle Entlassung der Pflege aus der Haftungsverantwortung. Schließlich kann eventuell vom Arbeitgeber auf Pflegekräfte zurückgegriffen werden, ohne dass sie überhaupt vom Patienten beklagt waren.

3. Zivilprozessrecht

Die gesetzliche Grundlage für das Zivilprozessrecht in Deutschland ist die Zivilprozessordnung (ZPO) von 1877, zuletzt geändert am 14.12.2001 (vgl. Bretzinger u. a., S. 446). Für bürgerliche Rechtsstreitigkeiten (alle Ansprüche aus dem bürgerlichen Recht) ist die Zuständigkeit der ordentlichen Gerichtsbarkeit gegeben. Die Gerichte der ordentlichen Gerichtsbarkeit, abgegrenzt durch eine Festlegung der sachlichen und örtlichen Zuständigkeit, sind: Amtsgerichte, Landesgerichte, Oberlandesgerichte und der BGH (vgl. Bretzinger u. a., S. 447 f.).
Ein Staatsbürger hat das grundgesetzlich verbürgte Recht, dass staatliche Organe (insbesondere Gerichte) ihm Rechtsschutz gewähren (Justizgewährungsanspruch), (vgl. Musielak, RdNr. 11).

3.1 Abgrenzung materielles Recht und formelles Recht

Das materielle Recht klärt die Frage, ob und wieweit für einen Bürger ein Anspruch hergeleitet werden kann. Das BGB ist eine materielle Rechtsvorschrift (vgl. Bretzinger u. a., S. 43).
Das formelle Recht beinhaltet die verfahrensrechtlichen Regelungen. Die durch materielles Recht begründeten Ansprüche werden nach dem formellen Recht der ZPO durchgesetzt. Weiter zum formellen Recht gehören: Verwaltungsgerichtsordnung und Strafprozessordnung. Ob ein vom Kläger behauptetes Recht wirklich existiert, muss vom Richter in einem förmlichen Verfahren nach den Maßgaben der ZPO festgestellt werden (vgl. Musielak, RdNr.12).
Aufgabe der Zivilprozessordnung ist also, die dem Menschen von der Rechtsordnung verliehenen Rechte festzustellen und ggf. den Anspruch mittels Zwangsvollstreckung zwangsweise durchzusetzen (vgl. Leckl, S. 1).
Dazu dienen zwei verschiedene Verfahren:
Im Erkenntnisverfahren (ZPO §§ 1 – 703) wird das Bestehen eines behaupteten Rechts festgestellt, Ergebnis ist das Urteil.
Das Vollstreckungsverfahren (ZPO §§ 704 – 915) verwirklicht den festgestellten Anspruch.
Die Regelungen der ZPO sind entscheidend für den Ausgang eines Verfahrens, insbesondere die Bestimmungen zur Beweisführung. Dies gilt auch für Heilbehandlungsprozesse und Verfahren mit Beteiligung von Krankenpflegekräften. Bemerkenswert ist deshalb der Umstand, dass nur in wenigen Buchveröffentlichungen zum Thema Pflegerecht der ZPO ein Kapitel gewidmet wird, von Randnotizen einmal abgesehen (z. B. Brenner, Böhme, Höfert, Krause).

3.2 Maximen des Zivilprozesses

Ein Zivilprozess wird von einer Reihe prinzipieller Rechtsgrundsätze bestimmt, deren Verständnis von elementarer Bedeutung sind (vgl. Leckl, S. 3 – 8; Bretzinger u. a., S. 452 ff.; Thomas/Putzo, RdNr. 1 – 30):

3.2.1 Verhandlungsmaxime

Dieser Beibringungsgrundsatz besagt, dass grundsätzlich die beiden Parteien (Kläger und Beklagter) die Tatsachen vorzutragen haben, die die Grundlage der Entscheidung sind. Die Parteien bestimmen Gegenstand und Gang des Prozesses durch ihre Anträge selbst. Der Richter darf nur die vorgetragenen Tatsachen seiner Entscheidung zu Grunde legen (kein eigenes Wissen) und im Prinzip keine Beweise von Amts wegen erheben. Es wird im Gegensatz zum Strafgericht (Untersuchungsgrundsatz) nicht von Amts wegen ermittelt.
Dies gilt bei Heilbehandlungsfällen durch die Entwicklung der Rechtsprechung allerdings nur noch eingeschränkt: das Gericht kann bei bestimmten Umständen Beweisaufnahme anordnen, was in der Praxis zu einer dem Zivilprozess eigentlich fremden Amtsermittlung geführt hat (vgl. Gehrlein, S. 176).
Prinzipiell aber sind die Parteien die Herren des Verfahrens (Leitsatz: „Gebe mir die Fakten und ich werde dir das Recht geben"), der Richter jedoch ist in der Würdigung der Tatsachen frei und unabhängig („iura novit curia = die Rechtsfindung obliegt allein dem Gericht").

3.2.2 Dispositionsmaxime

Aus dem Grundsatz der bürgerlichen Privatautonomie heraus erfolgt ein gerichtliches Verfahren nur auf Antrag (Klageerhebung). Das Gericht wird durch Anträge gebunden, die Parteien können durch Vergleich, Klagerücknahme oder Anerkenntnis des Anspruchs u. v. m. das Verfahren selbständig beenden. Der Richter darf nicht selbst einer Partei mehr zusprechen, als von ihr beantragt ist (z. B. einen höheren Schadensersatz zusprechen, allerdings ist ihm möglich, unter der Forderung zu bleiben).
Bei der gegensätzlichen Offizialmaxime (gilt in der StPO) unterliegt die Verfahrensgestaltung den staatlichen Behörden.

3.2.3 Anspruch auf rechtliches Gehör

Der Anspruch der Parteien, sich vor der gerichtlichen Entscheidung ausreichend in tatsächlicher und rechtlicher Beziehung äußern zu können, geht auf Art. 103 GG zurück und ist bei Versagen ein Verfahrensmangel. Beispiele: Übersehen von Beweisanträgen, unterbliebene Anhörung, Fristfehler.

3.2.4 Grundsatz der Mündlichkeit und Öffentlichkeit

Es kann nur der Streitstoff, der Gegenstand der mündlichen Verhandlung war, Grundlage der Entscheidung sein (§ 128 ZPO).

Verhandlung und Urteilsverkündung sind öffentlich, Unbeteiligte haben Zutritt (Ausnahme: Familien- u. Kindschaftssachen). Begründet ist dies mit einer Kontrolle der Gerichte durch die Öffentlichkeit, ein Verstoß dagegen ist ein Revisionsgrund.

3.2.5 Weitere Verfahrensgrundsätze

Grundsatz der Unmittelbarkeit: Ein Urteil darf nur von Richtern gefällt werden, die der Verhandlung beigewohnt haben (§§ 128, 355 ZPO).

Grundsatz der Wahrheitspflicht: Die Parteien müssen ihre Erklärungen vollständig und der Wahrheit gemäß abgeben (§ 138 ZPO). Dabei gilt allerdings nur eine Pflicht zur subjektiven, nicht zur objektiven Wahrheit.

Grundsatz der freien Beweiswürdigung: Nach § 286 ZPO hat das Gericht durch freie Überzeugung zu entscheiden, ob eine tatsächliche Behauptung einer Partei für wahr oder unwahr zu erachten sei. In der Urteilsbegründung sind die leitenden Gründe für diese Überzeugung anzugeben.

Gerade dieser letzte Grundsatz ist Dreh- u. Angelpunkt eines jeden Verfahrens, die Vielzahl der Verfahrensrügen bei den Revisionen durch die höheren Gerichtsinstanzen, gerade auch bei arzt- u. pflegerechtlichen Streitigkeiten, beschäftigen sich genau mit diesem Punkt, der angemessenen, freien Beweiswürdigung durch den Richter.

3.3 Richterrecht

Dort, wo die oft abstrakt und allgemein gehaltenen Normen z. B. des BGB keine ausreichende Antwort auf Rechtsfragen geben, werden diese Gesetzeslücken durch die Gerichte (Richterrecht) geschlossen (vgl. Köhler, S. XXXII u. Brenner, S. 16).

Es gibt keine Spezialnormen für das Arzt- u. Pflegerecht. Es gelten immer die wenigen Haftungsgrundsätze des Zivilrechts (vgl. Ehlers, RdNr. 14), die jedoch spezifisch angepasst werden mussten und deshalb von einer Sonderstellung des Arztrechts gesprochen wird (Frahm/Nixdorf, im Vorwort S.VII).

Hierbei haben die höchstrichterlichen Entscheidungen, die regelmäßig nicht mehr anfechtbar sind, allgemeine, rechtsfortbildende Bedeutung. Naturgemäß kommt dabei dem Bundesgerichtshof die führende, eine Einheit der Rechtsprechung erzeugende, Rolle zu. Insbesondere wurde im Laufe der Zeit die Haftung im Arztrecht (mit Auswirkung auf das Recht der Krankenpflege) und die Produzentenhaftung, z. B. durch eine mögliche Umkehr der Beweislast, verschärft (vgl. Köhler, S. XXIV).

Das Bundesverfassungsgericht (in Heilbehandlungsfällen nur sehr selten beteiligt, s. 4.2.1) hat lediglich die Aufgabe, darüber zu wachen, ob diese Rechtsfortbildung verfassungskonform ist, kann jedoch als einzige Institution ggf. Entscheidungen des BGH aufheben.

Dabei ist zu beachten, dass Richter (eigentlich) nur für den einzelnen Fall Recht schaffen und nicht in Konkurrenz zur gewählten Legislative treten können (vgl. Laufs § 5, RdNr. 8 – 10). Die ständige Rechtsprechung hat jedoch eine prägende Kraft und Wirkung auf die Entscheidung nachgeordneter Gerichte bei ähnlichen Fallgruppen und typischer Kasuistik. Vor allem bei ständiger und nicht bloß vorübergehender Anwendung dieser richterrechtlichen Spruchpraxis hat sie gewohnheitsmäßige Geltung gewonnen.

Es schreibt *A. Laufs: „So erweist sich der Kern des Arztrechts als wesentlich durch die Gerichte bestimmt“* (§ 5, RdNr. 9).

In Ermangelung näher beschriebener Sorgfaltspflichten im BGB oder sonstiger Vorgaben des Gesetzgebers nahmen die Gerichte allergrößten Einfluss auf die inhaltliche Ausgestaltung der Haftungsgrundlagen bei Heilbehandlung, wie z. B. die Anforderungen an Aufklärungs- u. Dokumentationspflichten.

Bei ihrer Rechtsfortbildung benutzen die Gerichte hauptsächlich das Beweisrecht als „elastisches Mittel“ im Dienste eines gerechten Interessenausgleichs zwischen Patient und Behandlerseite (vgl. Laufs § 6, RdNr. 29). Höhere Gerichte formen so materielles Recht wie Prozessrecht (Giesen, RdNr. 480).

D. Giesen beschreibt, dass die jahrzehntelange Rechtfindung des BGH in Bezug auf Patientenrechte mittlerweile im Ausland breite Anerkennung findet und sogar die Rechtsprechung einiger Länder geändert hat (Giesen, im Vorwort S. VIII).

3.4 Das Verfahren vor dem Zivilgericht

Das Amtsgericht bildet die unterste Instanz der ordentlichen Gerichtsbarkeit. Sobald jedoch der Streitwert über 5000 Euro liegt, ist die nächst höhere Instanz, das Landgericht zuständig (§§ 23, 71 GVG), welches für Entscheidungen der Amtsgerichte gleichzeitig die Berufungsinstanz ist und schon ein Anwaltszwang besteht (§ 78 ZPO). Angesichts der üblichen Schadensersatzsummen bei Heilbehandlungsfällen, dürfte die Erstverhandlung vor dem Landgericht die Regel sein.
Die Berufungsinstanz gegen Urteile der Landgerichte ist das Oberlandesgericht in der Besetzung mit drei Berufsrichtern (vgl. Bretzinger u. a., S. 438). Hier kann ein Verfahren (seit ZPO-Reform 2002 allerdings eingeschränkt, s. 3.4.4) neu verhandelt werden.
Die Zivilsenate (5 Richter) des Bundesgerichtshofs entscheiden als Revisionsinstanz über die Urteile der Oberlandesgerichte und beschränken sich dabei auf die Nachprüfung des Urteils in rechtlicher Hinsicht.
Seit der ZPO-Reform (2002) dürfen Streitigkeiten aus Heilbehandlung nicht mehr durch Einzelrichter entschieden werden (§ 348 Abs. 2 ZPO). Dies erklärt sich durch die komplexen medizinischen Sachverhalte, die durch medizinische Laien (Richter) schwer zu erfassen sind und weitere prozessuale Besonderheiten im medizinischen Bereich (vgl. Rehborn, S. 209).

3.4.1 Die Klageerhebung

Ein Zivilprozess wird durch eine Klageschrift, die auch dem Beklagten zugestellt werden muss, in Gang gebracht. Grundsätzlich muss bei Klageerhebung der Schadensersatzanspruch schon möglichst exakt beziffert werden. Ist dies nicht möglich, weil die zukünftige Höhe des Schadens noch nicht feststeht, soll durch eine sog. Feststellungsklage richterlich der zukünftige Anspruch festgestellt werden (vgl. Rehborn, S. 208). Die Höhe des Schmerzensgelds genau zu beziffern, ist ausnahmsweise nicht nötig, hier schätzt das Gericht den Streitwert (vgl. Leckl, S. 17). Dennoch kann auf eine ungefähre Angabe der Größenordnung, um dem Erfordernis der Bestimmtheit der Klageerhebung zu genügen, nicht verzichtet werden. Hier droht sonst die Klageabweisung wegen Unzulässigkeit (vgl. Musielak, RdNr. 60).

Sind die Prozessvoraussetzungen (z. B. Zuständigkeit des Gerichts, Prozess- u. Parteifähigkeit der Beteiligten, ordnungsgemäße Klageerhebung) gegeben, prüft das Gericht, ob die Klage begründet ist.

Unerlässlich ist dafür die Schlüssigkeit des Klägervortrags (Substantiierungspflicht). Der Kläger hat alle Tatsachen vorzutragen, welche die Klage begründen. Der Richter hat zu prüfen, ob der als wahr unterstellte Vortrag den Klageantrag und die Ansprüche rechtfertigt (vgl. Leckl, S. 13 f.).

Wenn der Tatsachenvortrag des Klägers die Ansprüche nicht rechtfertigt, wird die Klage ohne Beweisaufnahme abgewiesen.

Auf der Seite des Beklagten muss dessen Vortrag ebenfalls schlüssig sein, sonst wird der Klage stattgegeben.

Bestreitet der Beklagte die Vorwürfe erheblich, so wird vor Gericht durch Beweiserhebung darüber befunden, welche Darstellung des Sachverhalts zutrifft (Beweisbeschluss n. § 358 ZPO).

Gerade in Heilbehandlungsfällen hat aber die ständige Rechtsprechung die Substantiierungspflicht des Klägers dahingehend abgemildert, dass an den Patienten als medizinischen Laien nur maßvolle und geringe Anforderungen zu stellen sind. Es darf im Interesse eines gerechten und fairen Verfahrens der Vortrag des Klägers allgemein und technisch unpräzise sein, weil der Informationsvorsprung (des Arztes) nirgendwo so schwer einzuholen ist, wie im Medizinrecht. Die Tatsachenbehauptungen eines Patienten müssen nicht in dem üblicherweise bei Zivilprozessen geltenden Maß glaubhaft und wahrscheinlich sein, damit sie als schlüssig gelten (vgl. Laufs § 107, RdNr. 11 u. Giesen, RdNr. 371 f.). Lücken in der Darstellung dürfen dem Patienten nicht angelastet werden. Hält der Tatrichter sich nicht an nur maßvolle und geringe Anforderungen an die Substantiierung des Klägers, gerät er in den Verdacht, rechtsfehlerhaft vorgegangen zu sein.

Diese Vorgehensweise ist schon eine erste Verfahrenserleichterung der Rechtsprechung für Patienten, um deren haftungsrechtliche Benachteiligung auszugleichen.

Dass die Substantiierungspflicht für den Kläger jedoch auch nicht unter ein gewisses Niveau abrutschen darf, zeigt der Fall einer Klage aus dem Pflegehaftungsrecht vor dem Amtsgericht Neuss (vgl. Großkopf, Pflegezeitschrift 07/2001, S. 515 ff.):

Eine diabeteserkrankte Patientin machte ihren häuslichen Pflegedienst (der ursprünglich mit Behandlungspflege in Form von Insulin-Injektionen beauftragt war) für eine Fußentzündung (Gangrän) durch Falschbehandlung verantwortlich. In der Folge war eine Notaufnahme in einer Klinik notwendig geworden.

Während der Pflegedienst detailliert eine richtige Vorgehensweise darlegen konnte, insbesondere die mehrfache Verweisung der Patientin an ihren Arzt, blieb der Vortrag der Patientin vage und unklar. So führte die Patientin verschiedene Verletzungen an verschiedenen Stellen des Fußes an, ohne dass ein Zusammenhang einer fehlerhaften Arbeit des Pflegedienstes mit dem Krankenhausaufenthalt deutlich wurde.

Das Amtsgericht wies die Klage ohne Beweisaufnahme ab, weil sie den Ausführungen des Anwalts der Beklagtenseite folgte und keine Substanz und Schlüssigkeit bei den Forderungen gegen den Pflegedienst sah.

Erleichterte Substantiierungsanforderungen in Medizinhaftungsprozessen sind zwar für die regelmäßig schwächere Partei des Patienten notwendig, dürfen aber nicht dazu führen, dass pauschale Behauptungen, quasi ins Blaue hinein, erhoben werden. Es kann die Behauptung nicht schon genügen, einem Patienten sei es während der Pflege zunehmend schlechter gegangen und Pfleger und Arzt hätten wohl nicht alles richtig gemacht.

Ergänzend ist anzumerken, dass es jedoch allein im Ermessen des Richters liegt, einem Antrag auf Klageabweisung (auf Grundlage von Rechtsausführungen gegen die Schlüssigkeit) durch den Anwalt zu folgen. Prozessual sind solche Ausführungen nicht zwingend relevant wegen des Grundsatzes der alleinigen Rechtsfindung durch das Gericht (vgl. Leckl, S. 78).

3.4.2 Die Haftungsprüfung vor dem Zivilgericht

Eine Haftung kann nicht vorschnell bejaht werden. Es besteht eine Dreiteilung der Haftungsprüfung (vgl. Böhme 1996, S. 8) mit der Feststellung von:

- der Tatbestandsmäßigkeit,
- der Rechtswidrigkeit und Kausalität,
- und der Schuld.

3.4.2.1 Tatbestandsmäßigkeit und Rechtswidrigkeit

Tatbestandsmäßigkeit liegt vor, wenn ein Zwischenfall objektiven Kriterien eines tatsächlichen Geschehens genügt, und es muss eine Rechtsgrundlage mit einer Rechtsfolge (z. B. § 823 BGB, Schadensersatzpflicht) gefunden werden.

Gehaftet werden kann nur für eine Handlung eines Menschen. Eine Handlung ist *„ein der Bewußtseinskontrolle und Willenslenkung unterliegendes, beherrschbares menschliches Verhalten von rechtserheblicher Bedeutung.“* (Böhme 1996, S. 11). Somit scheiden also menschliche Handlungen im unbewussten Zustand z. B. im Delir aus. Allerdings bleibt die im Nachtdienst einschlafende Krankenschwester in der Haftung, da sie bei Erkennen dieser Gefahrenlage sich vorab hätte Hilfe holen müssen. Es kann nicht nur aktiv, sondern im rechtlichen Sinne auch passiv durch Unterlassen gehandelt werden.

Es gilt ferner der Grundsatz: Die Tatbestandsmäßigkeit indiziert die Rechtswidrigkeit (vgl. Großkopf/Klein, S. 183).

Die Rechtswidrigkeit (und damit die Anspruchgrundlage für Patienten) entfällt, wenn anerkannte Rechtfertigungsgründe vorliegen. Ein solcher Rechtfertigungsgrund ist beispielsweise eine wirksame Einwilligung des Patienten in einen Eingriff (§ 228 StGB).

Bei Patientenschädigung durch medizinisch-pflegerische Behandlung gibt es die Besonderheit einer nunmehr über 100 Jahre andauernden Auseinandersetzung in der medizinisch-juristischen Literatur. Als das Reichsgericht 1894 (!) einen erfolgreichen, indizierten Eingriff (allerdings entgegen einer wirksamen Einwilligung) als Körperverletzung wertete (vgl. Ulsenheimer 2002, § 138, RdNr. 1), wurde dadurch jeder Eingriff in die körperliche Integrität des Menschen (und damit auch jeder Heileingriff) als Tatbestand qualifiziert, der strafrechtlich und zivilrechtlich sanktionierbar ist. Dies löste einen ausufernden Meinungsstreit („kalter Krieg" zwischen Medizin und Jura) aus, der zuletzt durch einen gesetzgeberischen Reformentwurf (Referentenentwurf des BMJ z. 6. Gesetz zur Reform d. Strafrechts – 1996) wiederaufflackerte (vgl. Ulsenheimer 2002, § 138, RdNr. 11). Hier sollten die Tatbestände „eigenmächtige Heilbehandlung" u. „fehlerhafte Heilbehandlung" geschaffen werden. Der Entwurf musste wegen zahlreicher Unklarheiten und Widersprüche als unausgewogen wieder zurückgezogen werden.

Der BGH bleibt somit, mangels gesetzlicher Vorgaben, seit 1894 ungebrochen bei der rigorosen Auffassung einer Heilbehandlung als prinzipielle Körperverletzung. Zustimmend beschreibt *Böhme,* dass bei der Haftungsprüfung erst bei der 2. Stufe (Rechtfertigungsprüfung – Vorliegen einer gültigen Einwilligung) ein genereller widerrechtlicher Tatbestand bei Heilbehandlung entfällt (1996, S. 10). Eine andere Handhabung würde Gesetzeslücken im Strafrecht eröffnen und die haftungsrechtliche Kontrolle der im Gesundheitsbereich Tätigen im Interesse der Patienten (Grundrechte nach Art. 1 u. 2 GG) erschweren. Diese Sachlage hat direkten Einfluss auf die Beweisführung im Haftungsprozess, da die Behandlerseite beweispflichtig für einen Rechtfertigungsgrund ist und somit zuständig für den Nachweis einer korrekten Aufklärung des Patienten zu den Maßnahmen ihrer Behandlung.

3.4.2.2 Die Kausalitätsprüfung

Im weiteren Verlauf der gerichtlichen Haftungsprüfung muss ein ursächlicher Kausalzusammenhang zwischen dem Tatbestand (Rechtsgutsverletzung), der Handlung der beschuldigten Partei sowie auch dem Schaden überprüft werden (vgl. Großkopf/Klein, S. 183).
Eine Haftung tritt nur ein, wenn ein erwiesenes Fehlverhalten von Arzt bzw. Pflegekraft auch ursächlich für die eingetretene Gesundheitsschädigung war. Dies ist die haftungsbegründende Kausalität (vgl. Großkopf/Klein, S. 212). Zusätzlich muss aber auch geklärt werden, ob diese Gesundheitsschädigung überhaupt ursächlich für den geltend gemachten Patientenschaden war (sog. haftungsausfüllende Kausalität). Erst dann, wenn abschließend auch noch eine zumindest leicht fahrlässige Schuld bei dem Handelnden festzustellen ist, ergibt sich ein Anspruch auf Schadensersatz.
In medizinischen Haftungsfällen ist dieser Ursachenzusammenhang problematisch (Unberechenbarkeit der biologischen Vorgänge im Organismus).
Im Gegensatz zur strengen Bedingungstheorie im Strafrecht (jedes Handeln, ohne dass der Erfolg der Straftat entfällt, ist kausal), bleiben nach der Adäquanztheorie des Zivilrechts außergewöhnliche Kausalzusammenhänge außer Betracht (vgl. Böhme 1996, S. 13).
Eine haftungsbegründende Kausalität entfällt beispielsweise, wenn ein Anästhesist gebotene Laboruntersuchungen zwar versäumt, aber deren (auch möglicherweise alarmierendes) Ergebnis, die von ihm gewählte Narkosemethode nicht in Zweifel gestellt hätte. Hier wäre der (Narkose-) Schaden auch bei Anwendung des üblichen medizinischen Standards eingetreten (vgl. Gehrlein, S. 85).
Die haftungsausfüllende Kausalität beschäftigt sich hauptsächlich mit der Frage, ob eine primäre Gesundheitsschädigung auch tatsächlich alle, vom Patienten angeführten, Folgeschäden ausgelöst hat (vgl. Gehrlein, S. 91). Dies gilt z. B. im Falle eines Verdienstausfalls eines Berufssportlers durch Gesundheitsschaden als gegeben. Ein Schädiger haftet auch für psychische Folgen. Beispielsweise wurde einer Patientin ein Schmerzensgeld zuerkannt, der irrtümlich vom Pflegepersonal eine schon benutzte Infusion eines anderen Patienten kurzzeitig angeschlossen wurde. Bei diesem Fall entstand nachweislich kein körperlicher Schaden, das betreffende Krankenhaus unternahm unverzüglich alle notwendigen Maßnahmen, inkl. einer psychischen Betreuung der Patientin. Im Prozess ergab ein Gutachten, dass diese Patientin an einer schon länger vorbestehenden Persönlichkeitsstörung litt. Die Klinik wurde trotzdem für die nun ausgelösten (nachweislich irrationalen), überschießenden Angstreaktionen der Patientin verantwortlich gemacht (vgl. Lutterbeck, Pflege- & Krankenhausrecht 4/02, S. 109 ff.).

Im Zivilprozess gilt für die Feststellung der haftungsbegründenden Kausalität § 286 ZPO. Hiernach herrscht der strenge Maßstab, dass der Richter mit einem so hohen Grad der Wahrscheinlichkeit überzeugt sein muss, dass vernünftige Zweifel (eines, die Lebensverhältnisse klar überschauenden, Menschen) schweigen (vgl. Strachwitz-Helmstatt, RdNr. 518). Dagegen folgt der Nachweis der haftungsausfüllenden Kausalität dem § 287 ZPO. Hier ist nicht der strenge Nachweis im Sinne einer an Sicherheit grenzender Wahrscheinlichkeit nötig, sondern es genügt eine erhebliche Wahrscheinlichkeit im freien Ermessen des Richters. Auch dies ist als eine weitere Verfahrenserleichterung für Patienten zu werten (vgl. Giesen, RdNr. 399 f.). Die Kausalitätsfrage ist vor Gericht durch Beweis zu beantworten und ist für den Patienten ein entscheidender Faktor für den Ausgang eines Verfahrens. Der Kausalitätsbeweis ist regelmäßig das größte Problem in Heilbehandlungsprozessen.

3.4.2.3 Die Schuld: Sorgfaltspflichtverletzung und deren Maßstab

Tatbestandsmäßiges und rechtswidriges Handeln führt nur zur Haftung, wenn schuldhaft gehandelt wurde.

Hier muss ermittelt werden, ob überhaupt eine Schuldfähigkeit besteht. Diese ist aber angesichts der vollen Geschäftsfähigkeit der handelnden Personen bei Heilbehandlung üblicherweise gegeben.

Vorsatz und Fahrlässigkeit bilden die beiden Schuldformen.

Vorsätzlich handelt ein Mensch, der einen gesetzlichen Tatbestand wissentlich und gewollt verwirklicht. Fahrlässigkeit liegt vor bei Außerachtlassung der gebotenen Sorgfaltspflicht. Hier unterscheiden sich Zivil u.- Strafrecht.

Die Sorgfaltspflicht wird im Strafrecht nach objektiven und subjektiven Kriterien bestimmt. Im Sinne des Strafrechtes handelt derjenige fahrlässig, der einen strafrechtlichen Tatbestand verwirklicht und die ihm gebotene Sorgfalt außer Acht lässt, obwohl er anders hätte handeln können. Die Sorgfaltspflicht leitet sich aus den Umständen und den beruflichen Kenntnissen und Fähigkeiten des Handelnden ab.

Fahrlässigkeit im Sinne des Strafrechts setzt außerdem voraus, dass der Handelnde im konkreten Fall subjektiv in der Lage war, die von ihm geforderten beruflichen Sorgfaltspflichten individuell zu erkennen. (vgl. Brenner, S. 33 ff. u. Böhme 1996, S. 31 ff.).

Zivilrechtlich haftet der Schuldige allein aus objektiver Sorgfaltspflichtverletzung, unabhängig von seiner konkreten Person (§ 276 BGB). Die gesetzliche Formulierung lautet: Fahrlässig handelt, wer „die im Verkehr erforderliche Sorgfalt außer Acht lässt“.

Bei Schadensfällen im Rahmen beruflicher Tätigkeit gilt für alle gleich der Maßstab der durchschnittlichen beruflichen Anforderungen an Mitarbeiter in gleicher Funktion (vgl. Brenner, S. 148). Es wird das Maß an Sorgfalt gefordert, das z. B. ein gewissenhafter Mitarbeiter entsprechend dem gesicherten Stand der medizinischen Wissenschaft und Technik zu erbringen in der Lage sein muss (Standard einer erfahrenen Pflegekraft bzw. eines erfahrenen Arztes). Hierbei ist zu beachten, dass damit ein Standard gemeint ist, der den jeweiligen Kenntnisstand der Zeit betrifft, zu der der Schaden eintrat (vgl. Laufs § 3, RdNr. 16). Ein rechtskräftiges Urteil kann auch gut 10 Jahre später erst ausgesprochen werden, wo der übliche Standard schon ein ganz anderer sein kann. Ebenfalls umfasst der Sorgfaltsmaßstab weder Außenseitermethoden noch neuartige Verfahren, die zwar erfolgversprechend sein können, aber noch nicht allgemein eingesetzt sind (vgl. Laufs § 3, RdNr. 19 f.).

Den Sorgfaltsmaßstab bestimmen nicht die Gerichte. Der Maßstab der erforderlichen Sorgfalt wird in Heilbehandlungsfällen von der medizinischen Wissenschaft selbst geschaffen. Die Gerichte greifen also lediglich (mit Hilfe von Sachverständigen) auf ein, von Ärzten selbst erstelltes, *„immer engeres und angespannteres Netzwerk von Kunst- und Sorgfaltsregeln"* zurück (s. Laufs § 6, RdNr. 30). Wobei noch abschließend zu bemerken ist, dass in Pflegehaftungsprozessen eben dieser, von Medizinern als Gutachter übermittelte, Standard verwendet wird und nicht ein Standard der Pflegeprofession, dargelegt vor Gericht etwa von Pflegewissenschaftlern.

3.4.3 Grundsätze des zivilgerichtlichen Beweisrechts

Nach § 282 ZPO haben beide Prozessparteien im Sinne einer Prozessförderungspflicht ihre Angriffs- u. Verteidigungsmittel, insbesondere Beweismittel selbst rechtzeitig vorzubringen (vgl. Thomas/Putzo § 282, RdNr. 1).

Zivilrechtlich gilt der Grundsatz, dass jede Partei generell die Behauptungs- u. Beweislast dafür trägt, dass der Tatbestand der ihr günstigen Rechtsnorm erfüllt ist (vgl. Thomas/Putzo § 284, RdNr. 23). In Heilbehandlungsprozessen muss der geschädigte Patient alle objektiven und subjektiven Tatumstände des geforderten Schadensersatzes unter gleichzeitigem Beweisantritt vortragen, während der Schädiger (Träger, Arzt oder Pflegekraft) alle entlastenden Tatumstände unter Beweis stellen muss (vgl. Böhme 1996, S. 166).

Ein Beweis ist der Nachweis der Richtigkeit eigener, bzw. der Unrichtigkeit gegnerischer Tatsachenbehauptungen (Dtsch. Rechtslexikon Bd. 1, S. 810).

Die Beweisführung der Parteien überzeugt den Richter von Wahrheit oder Unwahrheit dieser Tatsachenbehauptungen. Hierfür gilt, dass eine absolute Gewissheit für das Gericht nicht zu erreichen ist, somit reicht ein für das praktische Leben brauchbarer Grad an Gewissheit, dass die Wahrscheinlichkeit der Wahrheit den Zweifeln Schweigen gebietet, ohne sie völlig auszuschließen (vgl. Thomas/Putzo § 286, RdNr. 2).
Gelingt es einer Partei nicht, den Beweis des Vorliegens der für sie günstigen Tatsachen zu erbringen, hat sie die Rechtsfolgen zu tragen (z. B. Klageabweisung).

3.4.3.1 Beweisführung und Beweisverfahren

Beweis angetreten werden muss für alle Tatsachen, die nicht unstreitig, anerkannt offenkundig, gesetzlich zu vermuten oder zu unterstellen sind (Dtsch. Rechtslex. Bd. 1, S. 813), d. h. für alle, für die Gegenseite ungünstigen, rechtserheblichen oder bestrittenen Behauptungen.
Als Beweismittel kennt das Zivilrecht folgende Beweismittel (vgl. Großkopf/Klein, S. 213):

- **Augenscheinbeweis** (§§ 371 – 372a ZPO): Der Richter überzeugt sich durch unmittelbare Wahrnehmung mittels aller Sinnesorgane selbst vom Vorliegen äußerer Tatsachen (z. B. Ortsbesichtigung, auch Lärm - u. Geruchsbelästigung, vgl. Musielak, RdNr. 372).
- **Zeugenbeweis** (§§ 373 – 401 ZPO): Zeugen haben die Pflicht zu erscheinen, die Wahrheit vollständig zu sagen und zu beeidigen. Die Zeugenaussage gilt als unzuverlässigstes Beweismittel und ist als einziges nach der Verhandlungsmaxime vollständig von einem Antrag der Parteien abhängig. Wer Prozesspartei ist, kann nicht als Zeuge vernommen werden (vgl. Musielak, RdNr. 375 ff.).
- **Sachverständigenbeweis** (§§ 402 – 414 ZPO): siehe Gliederungspunkt 3.4.3.3.
- **Beweis durch Urkunden** (§§ 415 – 444 ZPO): Der Urkundsbegriff der ZPO erfasst alle, durch Schriftzeichen verkörperten Gedankenäußerungen. Darunter fallen nicht Tonbänder, Datenträger oder Fotografien (Augenscheinsobjekte). Öffentliche Urkunden (z. B. notarielle Schriftstücke) werden vor Gericht grundsätzlich als echt vermutet. Bei privaten Urkunden (z. B. Patientendokumentation) muss die Echtheit, bei Zweifel des Gegners, von dem bewiesen werden, der sich darauf beruft (vgl. Musielak, RdNr. 386 ff.).
- **Beweis durch Parteivernehmung** (§§ 445 – 484 ZPO): Die Parteivernehmung ist als Beweismittel nur durch einen förmlichen, richterlichen Beweisbeschluss zugelassen und nur möglich, wenn eine Partei den ihr obliegenden Beweis nicht (vollständig) mit anderen Beweismitteln erbringen kann. Es gelten die Regeln der Zeugenvernehmung, mit der

Ausnahme, dass eine Partei nicht zur Aussage gezwungen werden kann. Das Ergebnis (auch einer fehlenden Aussage) unterliegt der freien Beweiswürdigung des Richters. Ein Antrag auf Parteivernehmung kann ggf. vom Richter auch abgelehnt werden (vgl. Musielak, RdNr. 390 ff.).

Die grundsätzlichen Beweisregelungen im Zivilprozess schaffen für den Patienten schwere Hürden. Ein Patient hat prinzipiell seine Ansprüche in allen Einzelheiten zu beweisen.
„Die Beweislast des Patienten erstreckt sich also auf den Behandlungsfehler, die körperliche Beeinträchtigung und die Kausalität zwischen Behandlungsfehler und Körperschaden sowie das Verschulden der handelnden Person." (Großkopf/Klein, S. 212).

Die Beweisaufnahme erfolgt in jedem Fall nur auf gerichtliche Anordnung, entweder als förmlicher Beweisbeschluss mit festgelegtem Inhalt oder als formlose Beweisanordnung (vgl. Musielak, RdNr. 362 ff.). Die Beweisaufnahme hat im Prozess vor dem beauftragten Richter stattzufinden und in Anwesenheit beider Parteien.
Die uneingeschränkte Anwendung des normal geltenden Darlegungsgrundsatzes der Parteien für Tatsachen und Beweise gilt insbesondere nicht bei Heilbehandlungsprozessen (vgl. Rehborn, S. 210 f.). Dem Patienten ist praktisch nicht möglich, aus fehlender medizinischer Sachkenntnis heraus und wegen der Tatsache, dass sich Teile der Behandlung seiner Erfahrung entziehen (z. B. bei Vollnarkose), seiner Darlegungspflicht im üblicherweise geforderten Maß zu genügen, was in der Praxis dazu führen würde, dass Patienten kaum einen Prozess gewinnen könnten.
Das verfassungsmäßig garantierte Prinzip der Rechtsanwendungsgleichheit gebietet hier die ausnahmsweise Durchbrechung des Grundsatzes hin zu einer Verpflichtung des Gerichts, den Sachverhalt aufzuklären. Beispielsweise kann der Richter selbst die Patientenunterlagen der Behandlerseite oder weiterer Ärzte beiziehen. Dieser, für Medizinhaftungsprozesse nun geltende Amtsermittlungsgrundsatz wird dogmatisch mit dem § 139 ZPO (materielle Prozessleitung des Gerichts) begründet, der ansonsten die Ermittlung von Amts wegen bei nur einzelnen Elementen regelt (z. B. Befragung der Parteien zu offenen od. unklaren Tatsachen). Diese Regelung ist eine weitere prozessuale Besonderheit in Heilbehandlungsprozessen, die der Stärkung der Patientenseite dient. Sie gilt aber nur für die Aufklärung des Sachverhalts und der Kausalitätsfrage, alle weiteren tatsächlichen Umstände, die für den Schaden und dessen Höhe maßgeblich sind, müssen vom Patienten beigebracht werden.

Nach § 286 ZPO hat der Richter anschließend an die Beweisaufnahme in eigener, freier Überzeugung und unter Berücksichtigung des Inhalts der gesamten Verhandlung, über den Wahrheitsgehalt der Tatsachenbehauptungen zu entscheiden.

3.4.3.2 Die prozessuale Mitwirkungspflicht

Am § 138 ZPO (*„Die Parteien haben ihre Erklärungen über tatsächliche Umstände vollständig und der Wahrheit gemäß abzugeben.“)* entzündete sich in der juristischen Literatur eine langjährige Auseinandersetzung über die Reichweite einer Auskunftspflicht beim Beklagten (vgl. Musielak, RdNr. 352a u. Katzenmeier, JZ 11/02, S. 533 ff.).
Im Sinne des Individualrechtsschutzes (durch materielle Wahrheitsfindung) sei auch die nicht risikobelastete Partei in der Pflicht, umfassende Aufklärungsbeiträge von sich aus zu leisten und ihr Wissen zu offenbaren, bei Verletzung dieser Pflicht dürfe der Richter von der Wahrheit der Klägerbehauptungen ausgehen.
Die höchstrichterliche Rechtsprechung des BGH hat bislang jedoch solchen Bestrebungen eine Absage erteilt. Es gilt im Zivilprozess noch der Grundsatz: „Nemo tenetur edere contra se“ (sinngem.: Niemand muss sich selbst belasten). Die Parteien sind generell nicht verpflichtet, sich so zu verhalten, wie es am besten der Wahrheitsfindung dient. Es bleibt bei dem Grundsatz, dass keine Partei gehalten ist, dem Gegner das Material zu verschaffen, über das er nicht schon von sich aus verfügt (BGH, NJW 1990, S. 3151).

Anlässlich der ZPO – Reform (1.1.2002) greift *Katzenmeier* die Diskussion auf und bezeichnet diese Rechtslage als rückständig und antiquiert (JZ 11/02, S. 533). Durch die reale Rechtsprechungspraxis sei den Gerichten de facto durch ein vielfältiges Instrumentarium prozessualer Mittel schon längst die Möglichkeit gegeben, richterlicherseits den Prozessablauf zu gestalten und gerade Informationsbeschaffungsdefizite einer Partei auszugleichen. Wichtigstes Anwendungsgebiet solcher Sonderregelungen sind gerade Produkt- u. Arzthaftungsprozess. Die Rückständigkeit werde vor allem im Vergleich mit der Rechtsprechung anderer europäischer Länder sichtbar, und die allzu moderate ZPO-Reform habe die Chance vertan, die Rechtsprechung in Deutschland moderner zu gestalten, indem sie eine allgemeine Aufklärungspflicht der Parteien kodifiziert.
Festzuhalten bleibt, dass für Heilbehandlungsprozesse in besonderem Maße gilt, dass die Partei, die näher am (nur von ihr klärbaren) Geschehensablauf stehe, auch zur Aufklärung herangezogen werden kann, wenn der schwächere Prozessgegner (regelmäßig der Patient)

diese Kenntnisse nicht hat (vgl. Musielak, RdNr. 352 a/b). Nach dem Prinzip einer redlichen Prozessführung nach Treu und Glauben kann von der Partei, die allein genaue Kenntnis der Vorgänge hat, erwartet werden, dass sie ohne Rücksicht diese schildert und ihr zugängliche Beweise vorlegt. Diese Regelung ist auch ohne allgemeine Aufklärungspflicht durch BGH-Rechtsprechung schon lange üblich und trifft sicherlich besonders bei Rechtsfällen im medizinisch-pflegerischen Bereich zu.

3.4.3.3 Die Rolle des Sachverständigen

Der Sachverständigenbeweis lässt sich als das Kernstück im Medizinhaftungsprozess bezeichnen (vgl. Strachwitz-Helmstatt, RdNr. 576). Die Beurteilung eines Sachverhalts durch ein Gutachten hat meistens prozessentscheidende Bedeutung.

Ein gerichtlicher Sachverständiger ist, wer durch Ausbildung und praktische Erfahrung auf einem abgrenzbaren Wissensgebiet überdurchschnittliche Kenntnisse besitzt und verpflichtet wird, diese dem Gericht unabhängig, unparteiisch und objektiv zur Verfügung zu stellen (vgl. Schlund § 116, RdNr. 1 –3).

Nach seiner Funktion ist ein Sachverständiger ein Gehilfe des Richters, um die fehlenden Fachkenntnisse des Richters (gerade im medizinischen Bereich) auszugleichen (vgl. Musielak, RdNr. 380). Prinzipiell liegt die Zuziehung eines Sachverständigen im Ermessen des Richters, ebenso wie die Auswahl dieser Person. Bei fehlender Sachkunde des Gerichts muss er hinzugezogen werden, dementsprechend greift die Anordnung von Amts wegen (§ 144 ZPO).

Das Sachverständigengutachten bleibt jedoch auf die Beurteilung der Tatsachen aus seinem Wissensgebiet und die resultierenden Schlussfolgerungen beschränkt (vgl. Schlund § 116, RdNr. 4 –12) und darf keine Entscheidungen im Prozess, quasi als Nebenrichter treffen. Nach § 404 a ZPO unterliegt er der richterlichen Anleitung. Der Richter hat in jedem Fall die Entscheidung über einen Sachverhalt, unter Berücksichtigung der gutachterlichen Stellungnahme, selbst zu erarbeiten. Unterlässt ein Richter die Begründung, warum er der Meinung des Sachverständigen folgt, begeht er einen Verfahrensfehler (vgl. BGH, NJW 1989, S. 2948).

Gerade weil die Wertung eines Sachverständigen prozessentscheidend ist, kann er durch die Parteien (begründet) auch abgelehnt werden (vgl. Strachwitz-Helmstatt, RdNr. 583). Würdigung und Wertung eines medizinischen Gutachtens gehört zu den schwierigsten richterlichen Aufgaben (vgl. Schlund § 125, RdNr. 28 –31).

Nach sorgfältig erfolgter, richtiger Auswahl des Sachverständigen, muss der Richter prüfen, ob seine Fragestellung exakt und vollständig beantwortet ist, unter Einhaltung strikter Objektivität und Neutralität seitens des Gutachters. Insbesondere muss er der Frage nachgehen, ob der Sachverständige nicht durch falsch verstandene Standessolidarität ein zurückhaltendes Gutachten erstellt hat. Durch den § 25 der Berufsordnung für Ärzte (vgl. Bundesärztekammer, *Musterberufsordnung*), der diese Wahrung der Objektivität gegenüber Kollegen vorschreibt, sollte eigentlich für die „Krähentheorie" („Eine Krähe hackt der anderen kein Auge aus" – vgl. Giesen, RdNr. 396/397) kein Raum mehr sein. Jedoch beschreiben verschiedene Gerichte (BGH, s. Giesen, a. a. O. oder OLG Celle, s. Schlund § 122, RdNr. 14) nach wie vor, dass ärztliches wie nichtärztliches Medizinalpersonal zu objektiver Aussage besonders angehalten werden müsse, unbewussten Wunschtendenzen ausgesetzt ist und in eigenen Schrifttum wesentlich offener mit Fehlern umgeht, als in gerichtlichen Gutachten, *„in denen sie sich nicht selten von kollegialen Rücksichten leiten lassen"*.

Dies zeigt, dass die richterliche Kontrolle eines Gutachtens auf Plausibilität, Widerspruchsfreiheit, Klarheit und (sprachlicher) Verständlichkeit ein wichtiger Gesichtspunkt ist, d. h. im Endeffekt muss der Richter auch als fachlicher Laie in der Lage sein, den medizinischen Sachverhalt selbst beurteilen können (vgl. Schlund § 125, RdNr. 31).

Andererseits darf ein Richter sich auch keinesfalls über Sachverständigenbeurteilungen hinwegsetzten, da er eben nicht über das notwendige Spezialwissen verfügt, es droht ihm sonst die Aufhebung seines Urteils durch eine höhere Instanz. Beispielsweise wurde ein Urteil aufgehoben, weil der Tatrichter sich bei seinem Urteil auf eigene Erkenntnisse aus der medizinischen Fachliteratur stützte, ohne diese Sachkenntnis näher zu belegen und dabei zusätzlich zwei (ungeeignete) Gutachten einer Vorinstanz nicht mit geänderter Fragestellung neu einforderte (BGH, NJW 1993, S. 2378).

Stößt der Sachverständige selbst auf einen Sachverhalt, der aus medizinisch - wissenschaftlicher Sicht nicht aufzuklären ist, muss er sich zu diesem „non liquet" bekennen. Die Schlussfolgerung daraus, ist wiederum allein Sache des Richters (vgl. Hennies, S. 25).

Im Hinblick auf die spezielle Fachkunde und Erfahrung, die bei Heilbehandlungsfällen nötig ist, haben viele Gerichte Fachkammern u. -senate für diese eingerichtet, die mit der Fülle der prozessualen Besonderheiten hier vertraut sind und ein höheres medizinisches Wissen haben, was jedoch den Sachverständigen keinesfalls ersetzt (vgl. Rehborn, S. 213).

3.4.4 Das Ende eines Prozesses: Urteil und Rechtsmittel

Sofern die Parteien nicht durch z. B. Verzicht, Klagerücknahme oder Vergleich den Prozess selbst beenden, endet der Prozess durch das richterliche Endurteil (§ 300 ZPO). Das Urteil ergeht im Namen des Volkes in einer festgelegten Form (§ 311 ZPO) und enthält auch die Entscheidungsgründe (§ 313 ZPO). Eine endgültige Wirkung erhält das Urteil aber nur, wenn es rechtskräftig wird (vgl. Bretzinger u. a., S. 462). Diese Rechtskraft kann durch Rechtsmittel verhindert bzw. zeitlich hinausgeschoben werden.

Rechtsstaatlich muss den Bürgern die Möglichkeit eingeräumt werden, dass gerichtliche Entscheidungen nachprüfbar sind (vgl. Bretzinger u. a., S. 466). Die dazu nötigen Rechtsmittel der ZPO sind im Wesentlichen die Berufung und die Revision, welche den Zug durch die Instanzen ermöglichen und eine sachliche Prüfung der angefochtenen Entscheidung erreichen (vgl. Musielak, RdNr. 430). Berufung erfolgt (frist- und formgerecht) gegen Urteile der 1. Instanz (Land- u. Amtsgericht), die Revision findet gegen die Berufungsurteile der Oberlandesgerichte statt und eröffnet somit eine 3. Instanz vor dem BGH.

Die ZPO – Reform 2002 hat das Berufungsverfahren grundlegend neu gestaltet (vgl. Reuschle, S. X – XIII). Wurde vorher in der Berufung ein Verfahren generell neu verhandelt, so ist nun die Berufungsinstanz grundsätzlich an fehlerfreie Feststellungen der 1. Instanz gebunden (§ 529 ZPO). Diese Neudefinition als Instrument der Fehlerkontrolle führt, neben der Beschleunigung der Berufungsverfahren, zu einer vom Gesetzgeber gewünschten Stärkung der 1. Instanz, die mehr als bisher gefordert auf eine endgültige Erledigung hinwirken soll. Dazu wurde eine Reihe von Rechtsvorschriften erlassen (z. B. gezielte Prozessleitungspflicht des Richters n. § 139 ZPO, originäre Zuständigkeit eines Einzelrichters n. § 348 ZPO, obligatorische Güteverhandlung vorab).

Änderungen gibt es auch bei der Revision, galt früher ein Streitwert über 60.000 DM schon als revisionsbegründend, so ist eine Revision nun nur noch zulässig, wenn eine Rechtssache grundsätzliche Bedeutung hat, der Wahrung der Rechtseinheit und der Rechtsfortbildung dient (§ 543 ZPO, vgl. Reuschle, S.XIII). Hier kommen Fälle mit Rechtsfragen in Betracht, wo zumindest das Auftreten einer unbestimmten Vielzahl von Fällen mit vergleichbarer Kasuistik denkbar ist, individuelles Parteiinteresse hat demgegenüber zurückzustehen.

Erklärte Absicht dieser ZPO-Reform ist, den Zivilprozess bürgernäher, effizienter und transparenter zu gestalten, neben einer Entlastung der Gerichtsbarkeit.

Für eine Würdigung dieses Reformwerks ist es zwar noch zu früh, die praktische Bewährung steht noch zur Probe (s. Reuschle, S. XV), dagegen erheben sich allerdings schon kritische Stimmen (vgl. Katzenmeier JZ 11/02, S. 533 ff.), die an der Durchschlagskraft der Reform zweifeln. Angesichts einer unübersehbaren Flut an Heilbehandlungsprozessen (vornehmlich a. d. Arzthaftung), die bislang bis vor die 3. Instanz ausgetragen wurden, wird erst die zukünftige Entwicklung zeigen, ob sich für Patienten und Heilberufe etwas am z. T. langjährig währenden Zug durch die Instanzen ändern wird. Gerade die starke Prägung der Rechtsprechung in Heilbehandlungsfällen durch Richterrecht legt den Schluss nahe, dass hier oftmals von einer grundsätzlichen Bedeutung der Streitsachen ausgegangen werden kann.

4. Beweisführung und Beweislastumkehr im Pflegerecht

Neben dem Sachverständigen hat die Beweisführung der Prozessparteien und deren richterliche Würdigung einen maßgeblichen Einfluss auf den Ausgang eines Prozesses. Sowohl im Arztrecht, wie auch in Pflegehaftungsfällen kommt hier der Frage, welche Partei die Beweislast trägt, eine entscheidende Bedeutung zu. Hier haben sich im Laufe der Zeit Regelungen der Beweislastverteilung bis hin zu einer Beweislastumkehr ausgebildet, die den Heilbehandlungsprozessen innerhalb des zivilen Haftungsrechts eine Sonderstellung geben.

4.1 Die Begriffe Beweislast und Beweislastumkehr

„Die Beweislast ist die einer Partei obliegende Aufgabe, das Vorliegen von Tatsachen, die ihre Sachverhaltsschilderung tragen, zu beweisen." (Dtsch. Rechtslex. Bd. 1, S. 815).
Im Prozessrecht wird als Last bezeichnet, wenn es einer Partei überlassen bleibt, ob sie ihre Verpflichtung, Behauptungen aufzustellen und zu beweisen, trägt oder sie dies ablehnt und dann aber die Nachteile in Kauf nimmt, die sich daraus ergeben (vgl. Musielak, RdNr. 352). Keine Partei ist dazu verpflichtet, einen Beweis zu führen, kann aber Nachteile nur abwenden, wenn sie der „Last" entspricht.
Bei einer strittigen Tatsachenbehauptung gibt es drei Möglichkeiten (vgl. Musielak, RdNr. 411 ff.):
a) Der Beweis gelingt, und der Richter ist von der Wahrheit überzeugt.
b) Der Beweis führt zu einem negativen Resultat und überzeugt den Richter vom Nichtvorliegen eines Sachverhalts.
c) Der Beweis misslingt, und der Sachverhalt kann nicht zweifelsfrei geklärt werden (sog. „non liquet").
Im Fall des „non liquet" ist der Richter gezwungen, ein „möglicherweise Ja oder Nein" in ein eindeutiges Ja oder Nein umzuformen unter Zuhilfenahme der Beweislastnormen, die sich aus den Vorschriften des materiellen Rechts ergeben und als ungeschriebenes Gesetzesrecht in den einzelnen Paragraphen enthalten sind. Von diesen Regeln darf er nicht aus Billigkeitsgründen abweichen. Grundprinzip dabei ist, dass von der Nichtverwirklichung eines Rechtsanspruchs auszugehen ist, wenn sich der Tatbestand vom Richter nicht klären lässt. Das Scheitern einer Sachverhaltsklärung führt zu einem negativen Beweisergebnis und geht zu Lasten des Anspruchstellers (Prozeßverlust). Die Auswirkung davon ist der Verteilungs-

grundsatz der Beweislast: Jede Partei trägt die Beweislast für das Vorliegen der ihr günstigen Rechtsnorm.

Begehrt ein Kläger also im Prozess die Anwendung eines bestimmten Rechtsatzes, trägt er die Beweislast für die tatsächlichen Voraussetzungen der Anwendung dieses Rechtssatzes.

Festgestellt wird diese objektive Beweislast (Feststellungslast) bei der gerichtlichen Entscheidung, die festlegt, welche Partei im Falle des non liquet die Nachteile trägt. Ergibt sich der endgültig nicht klärbare Sachverhalt des „non liquet" naturgemäß am Ende des Prozesses, so bedeutet dies nicht, dass die objektive Beweislast nur am Ende des Verfahrens Bedeutung hat (vgl. Prütting, S. 15). Sie beeinflusst das gesamte Verfahren als potentielle Gefahr für eine Partei, obwohl sie erst mit Erlass der richterlichen Entscheidung offiziell eintritt. Die objektive Beweislast führt im Fall der Unaufklärbarkeit zu einer Beweislastentscheidung des Richters um eben dieses „non liquet" zu überwinden. Die Parteien werden ergo bemüht sein, während der Verhandlung alle einzelnen Tatbestandmerkmale für die Verwirklichung der ihnen günstigen Rechtsätze zu beweisen.

Diese Notwendigkeit selbst während des Verfahrens durch Beweisantritt bezüglich konkreter, streitiger Tatsachen prozessuale Nachteile zu vermeiden, ist die zweite Erscheinungsform der Beweislast: Die Beweisführungslast oder subjektive Beweislast. Diese kann zwischen den Parteien hin- u. herpendeln, ist von der richterlichen Beweiswürdigung abhängig und nicht von den Beweislastnormen (vgl. Prütting, S. 29).

Unter Beweislastumkehr ist das Abweichen von der normalen Beweislastverteilung während eines Zivilprozess zu verstehen. Der Begriff ist nicht genau definiert und wird in verschiedenster Weise verwendet (vgl. Prütting, S. 20 f.). Der Begriff der Beweislastumkehr wird sprachlich im engsten Sinn benutzt, wenn die Beweislastverteilung ausschließlich direkt entgegen der ausdrücklichen Vorgabe einer Gesetzesnorm abgeändert wird.

Fasst man den Begriff weiter, gehören auch alle Fälle dazu, die von der Grundregel des Bürgerlichen Rechts abweichen, dass der Antragsteller seinen Anspruch zu beweisen hat. Nach diesem Verständnis unterliegen alle Paragraphen des BGB einer Beweislastumkehr, die eine vom negativen Grundprinzip abweichende Sonderregel der Beweislastverteilung beinhalten (vgl. Musielak, § 416). Dies z. B. ist der Fall beim § 280 BGB. Nach dieser Definition liegt hier so eine gesetzlich verankerte Beweislastumkehr vor, obwohl dem Paragraphen entsprochen und die Beweislast nicht gegen die Gesetzesnorm angewendet wird.

Als Beweislastumkehr wird ebenfalls die Abänderung der subjektiven Beweisführungslast gegen die normale Anforderung an die Parteien verstanden. Diese Möglichkeit einer Sonderregelung Beweislastumkehr ist hauptsächlich geschaffen durch eine nach methodischen

Regeln vorgenommene, richterliche Rechtsfortbildung und spielt in der Haftung bei Heilbehandlung eine große Rolle.

Wenn die richterliche Spruchpraxis bei Heilbehandlungsfällen in ihren Urteilbegründungen von Beweislastumkehr spricht, ist damit meist eine Umkehr der subjektiven Beweisführungs-last einzelner Elemente der gerichtlichen Haftungsprüfung (z. B. die Kausalitätsfrage) zu Ungunsten der normalerweise unbelasteten Partei gemeint, die auf dem verfassungsrechtlichen Grundsatz der Rechtsanwendungsgleichheit fußt und den Richter zwingt, im Interesse eines fairen Verfahrens prozessuale Benachteiligungen einer Partei angemessen auszugleichen.

Dieser Benachteiligungsausgleich kann auch in Beweiserleichterungen bestehen, die nicht bis zur Beweislastumkehr gehen. Hierbei betrachtet der Richter ein streitiges Tatbestandsmerkmal als gegeben, obwohl der Grad der Wahrscheinlichkeit der Wahrheit der Tatsachenbehauptung gegenüber der Norm (an Sicherheit grenzende Wahrscheinlichkeit) abgeschwächt ist.

Der Begriff der Beweislastumkehr wird von den Gerichten selbst in seinen unterschiedlichen Bedeutungen nicht präzise unterschieden (vgl. Musielak, § 416). Um die praktische Auswirkung der Beweislastumkehr im Pflegerecht ausreichend darzustellen, wird deshalb im weiteren Verlauf der Arbeit von einem Begriff der Beweislastumkehr ausgegangen, der alle genannten Inhalte umfasst.

4.2 Die Entwicklung der Beweislastumkehr aus dem Arzthaftungsrecht

Die ärztliche Haftung setzt erst ein, wenn der Patient durch die ärztliche Behandlung und nicht durch sein Krankheits- u. Behandlungsrisiko an sich eine Schädigung erlitten hat (vgl. Gehrlein, S. 30). Deshalb ist der Nachweis der Kausalität zwischen Behandlungsfehler und Schaden tragendes Prinzip der Arzthaftung. Erst wenn ein Behandlungsfehler und dessen Ursächlichkeit für einen Gesundheitsschaden feststeht, wird hier gehaftet. Beweisbelastet ist hier im Normalfall der Patient. Diesen Beweis hat der Patient sowohl in der vertraglichen, wie in der deliktischen Haftung gleichermaßen zu erbringen (vgl. Gehrlein, S. 30). Würde der Arzt hier die Beweislast tragen, *„so beschwerte ihn dies mit einer von ihm nicht geschuldeten Garantie für den Erfolg des Eingriffs."* (Laufs § 107, RdNr. 10). Im Arztprozess gibt es typische Beweisnöte auf beiden Seiten, einerseits hat der Patient nur sehr begrenzten Einblick in das Handeln des Arztes, andererseits können medizinische Zwischenfälle Behandlungsfehler andeuten, aber genauso gut auch schicksalhaft aufgetreten sein. Der Arzt kann alle medizinischen Risiken weder voll überblicken, noch beherrschen. Der menschliche Körper reagiert individuell verschieden und das ärztliche Erfahrungswissen bleibt begrenzt.

Die Gerichte sind verpflichtet, sich diese typische beweisrechtliche Situation der beiden Prozessparteien bewusst zu machen, um aus dem Erfordernis der Rechtsanwendungsgleichheit heraus für eine faire Handhabung des Beweisrechts sorgen zu können (vgl. Laufs § 107, RdNr. 8 f.).
Die Anforderungen an die Beweisführung des Patienten dürfen aber nicht überspannt werden (vgl. Großkopf/Klein, S. 214). Deshalb hat die deutsche Rechtsprechung die Grundregel der Beweislast des Klägers im Laufe der Zeit durch am Schutz des Patienten ausgerichtete Beweiserleichterungen ergänzt und abgemildert (Giesen, RdNr. 360). Grundsatz bleibt jedoch, dass da, wo eine Aufklärung des Geschehens nicht gelingt, diese Erkenntnislücken der Krankheit des Patienten zuzuschreiben sind und nicht der Arzt beweisbelastet ist.
Die Vielgestaltigkeit der Haftungsfragen im komplizierten Medizinbereich zwang die Rechtsprechung, die Regeln der Einstandspflicht zu verfeinern. Dazu bleibt dem Richter, in Ermangelung gesetzgeberischer Hilfestellung, nur die Methode der Haftungsverlagerung durch beweisrechtliche Mittel (vgl. Laufs § 107, RdNr. 1 – 3). Diese hat im Schadensersatzprozess bei Heilbehandlung breiten Raum genommen und durchbricht nach Ansicht namhafter Autoren der medizinisch – juristischen Literatur (z. B. Laufs, a. a. O.) durchaus das Verschuldensprinzip in der Berufshaftung. Dies führt zur Frage, ob die breite Anwendung beweisrechtlicher Sonderregeln nicht regelrecht die Gefahr in sich birgt, im Sinne einer Gefährdungshaftung bei Heilbehandlung negative Auswirkungen hin zu einer forensisch orientierten Medizinpraxis zu haben.

4.2.1 Gefährdungshaftung und defensive Medizin

Das Haftpflichtrecht im ärztlichen Bereich dient, neben der notwendigen Schadenregulierung auf Patientenseite, auch der Wahrung der Berufsfreiheit (Therapiefreiheit) in der Medizin. Aus diesem Grund folgt es prinzipiell dem Verschuldensprinzip (vgl. Laufs § 3, RdNr. 21 f.). Die Einstandspflicht setzt einen schuldhaften Fehler voraus. Ein Arzt, der die notwendige Sorgfalt übt, muss frei seinen Beruf ausüben können, ohne Sanktionen befürchten zu müssen. Freilich darf der Arzt sich nicht zum Herrn des Geschehens machen, sondern steht bei seiner verfassungsrechtlich geschützten Therapiefreiheit immer im Spannungsverhältnis zur ebenfalls geschützten Patientenautonomie (vgl. Laufs § 3, RdNr. 23). Besteht in den USA durch ein „lawinenartiges Anschwellen der Arzthaftpflichtprozesse" die Gefahr einer Defensivmedizin, in der sich die Angst vor Haftungsrisiken und einer übermäßigen Verrechtlichung negativ auf die Fortentwicklung medizinischer Erkenntnisse und Methoden auswirken würde, so erweist sich die Spruchpraxis in Deutschland als „maßvoll und im Dienste der Patientenbelange unbedingt geboten“ (vgl. Laufs § 2, RdNr. 10 u. Broglie, RdNr. 610). Deutschland nähme hinsichtlich der ausdifferenzierten und intensiven Patientenrechte eine Spitzenposition in Europa ein. Die rechtsfortbildenden Leistungen der deutschen Justiz weisen das Arztrecht wesentlich als Patientenschutzrecht aus.

Dass die Stärkung der Patientenrechte auch erkennbar politischer Wille des Gesetzgebers ist, lässt sich u. a. an der seit dem GKV-Gesundheitsreformgesetz 2000 bestehenden Verpflichtung der Krankenkassen ablesen, ihre Versicherten mit Beratungsstellen und über den MDK bei der Verfolgung von Schadensersatzansprüchen aktiv zu unterstützen.
Kritiker weisen jedoch der juristischen Aufarbeitung medizinischer Schadensersatzansprüche in der realen Praxis erhebliche Vollzugsdefizite vor (vgl. Stegers, S. 78 – 88). Es werden Fachkammern an sämtlichen Landgerichten gefordert und eine unglaublich lange Zeitdauer für die Verfahren und ebenfalls für die Gutachtenerstellungen beklagt. Gerade bei Gutachtern fehle es an nötiger Weiterbildung und den dafür nötigen finanziellen Mitteln. Da zudem noch der Schadensersatz dem „Alles oder Nichts“- Prinzip folgt und eine Klageabweisung bei Anführung (eventuell sogar fiktiver) anderer Ursachenzusammenhänge für den Patientenschaden seitens der Behandler statt des strittigen Behandlungsfehlers relativ leicht möglich ist, zögern die Haftpflichtversicherer Zahlungen möglichst lange hinaus. Gerade bei Dauerschäden bleibt ein rechtskräftiges Haftungsanerkenntnis der Versicherer oft lange aus.

Laufs bemerkt kritisch, dass sich im Haftpflichtrecht „ *... die Grenzen zwischen Unrecht und Unglück ... verwischen und verschärfte Verkehrspflichten sowie modifizierte Beweisregeln das freiheitsverbürgende Verschuldensprinzip abschwächen und heimlichen Gefährdungstatbeständen den Weg bereiten.“* (§ 97, RdNr. 4). Demgegenüber sei das Verschuldensprinzip das rechtsethisch überlegene und dem Patienten - Arzt -Verhältnis angemessene Mittel, auch in Deutschland eine erosionsartige Ausweitung von Haftpflichtprozessen zu verhindern und damit auch das Auftreten einer forensischen Medizin, die sich rein an ihren Richtlinien und nicht mehr am Patienten orientiert. Die Entwicklung der Technik in der Medizin und auch die fortschreitende Regulierung des Sozialstaats durch Vorschriften führen zwangsläufig zu einer Objektivierung der ärztlichen Leistungspflicht in Form von „Standards“ (Uhlenbruck/Laufs § 39, RdNr. 6 ff).
Auch wenn das Patienten-Arzt-Verhältnis mehr ist, als ein schlichtes Vertragsverhältnis zwischen Bürgern, und die rechtliche Kontrolle der Medizin niemals zu einer kompletten juristischen Organisation dieses Verhältnisses führen darf, so kann trotzdem nicht ein Sonder-

recht für Ärzte entstehen, sondern ein gerechter Interessenausgleich erfordert künftig verstärkt die Beurteilung der ärztlichen Haftung nach einer Einhaltung eines bestimmbaren medizinischen Standards.

Angesichts der Verrechtlichung der Medizin und den steigenden Sorgfaltspflichten der dort Tätigen (vgl. Laufs § 6, RdNr. 30 u. 37) einerseits und der rechtsstaatlichen Notwendigkeit, den Medizinbetrieb juristisch kontrollieren zu können (vgl. Laufs,§ 2, RdNr. 1) andererseits, verlangt das Gebot einer „Waffengleichheit" im Arztfehlerprozess eine elastische mittlere Linie im Beweisrecht, die die Spruchpraxis auch verfolgt (vgl. Laufs § 107, RdNr. 5). Die Beweisfrage, und dabei besonders die faire, ausgewogene Handhabung des Beweisrechts im konkreten Fall, insbesondere der Beweislastumkehr, bildet den Dreh- u. Angelpunkt der Heilbehandlungsprozesse. Mit einer vorsichtigen und ausgewogenen Verwendung der Beweiserleichterungen aus Billigkeitserwägungen heraus haben die Zivilgerichte durchaus eine sozial- u. gesundheitspolitische Verantwortung.

4.2.2 Grundsätzliche Entscheidung des Bundesverfassungsgerichts

In einem Verfahren beschäftigte sich das Bundesverfassungsgericht (BVerfG) mit Beschluss vom 25.7.1979 mit der Frage, wie weit Grundrechte und allg. Verfassungsgrundsätze auf den Arzthaftungsprozess einwirken (vgl. BVerfG, NJW 1979, S. 1925 – 1933). Ein Patient sah durch die Handhabung des Beweisrechts bei einem OLG, in seinem Fall einer Nervenschädigung nach Halsoperation, einen Verstoß gegen Willkürverbot und Rechtsstaatsprinzip. Die Klage selbst wurde zwar abgewiesen, jedoch nur knapp (Stimmengleichheit der Richter, es erfolgte eine ausführlich dargelegte abweichende Meinung i. d. Urteilsbegründung). Dies geschah in der Hauptsache aus der Notwendigkeit, künftig das BVerfG vor Missbrauch als „Superrevisionsinstanz" zu schützen (vgl. Giesen, RdNr.362 – 367). Die Urteilsbegründung (auch die abweichende Stellungnahme) war in Folge aber richtungsweisend für viele Entscheidungen des BGH und hat erhebliche Resonanz gefunden mit ihren grundsätzlichen Ausführungen zu einer einzelfallbezogenen, flexiblen Prozessführung unter Gerechtigkeitserwägungen.

Es gilt deshalb im Arzthaftungsprozess (u. allg. im Heilbehandlungsprozess):

- Die von der Rechtsprechung entwickelten Sonderregelungen (Beweiserleichterungen und Beweislastumkehr in best. Fällen) sind verfassungskonform.
- Die geschaffenen Beweisführungs- u. Verteilungsregeln sind ein Gebot der „Waffengleichheit im Prozess" für alle Parteien und resultieren aus dem Gleichheitsgrundsatz.

- Es muss in jedem Einzelfall tatrichterlich geprüft werden, ob dem Patienten die Beweislast billigerweise noch zugemutet werden kann.
- Ein Patient ist von der typischen Art der Fallkonstellation her in der Regel nicht in der Lage, den erforderlichen Beweis zu bringen.
- Die, die Prozesssituation des Patienten berücksichtigenden, Beweiserleichterungen müssen ausgebaut und konsequent angewendet werden.

Der Grundsatz des fairen Verfahrens und das Prinzip der Waffengleichheit im Zivilprozess zählen zu den wichtigsten Ausformungen des effektiven Rechtsschutzes im Privatrecht. Der höchstrichterlichen Rechtsprechung des BGH geht es dabei nicht um starre Regeln der Beweislastumkehr, sondern um ein feines Instrumentarium, um Störungen dieser Waffengleichheit in einer nach Lage des Falles billig erscheinenden Weise auszugleichen (vgl. Giesen; RdNr. 361). Die Ausführungen des BVerfG betonen die Verfassungsmäßigkeit der von der Rechtsprechung ausgebildeten besonderen Fallgruppen, in denen Patienten Beweiserleichterungen zugute kommen. Damit aber im Arztrecht für den Patienten angesichts der ohnehin schon typischen Beweisschwierigkeiten durch eine Einzelfallprüfung der Beweislastverteilung nicht noch mehr Rechtsunsicherheit entsteht, dürfen die Beweisregeln nicht in jeder Lage erst wieder neu erstellt werden, sondern müssen bestimmbar sein. Es ist eine Aufgabenstellung des BGH, diesbezüglich Hilfestellung für nachgeordnete Gerichte zu leisten (vgl. Giesen, RdNr. 367).

4.2.3 Die Beweisregel des § 280 BGB

Nach der alten Fassung des § 282 BGB, angeführt in vielen Urteilsbegründungen auch der Haftung aus Heilbehandlung bis zur Schuldrechtreform 2002, ergab sich bei vertraglicher Haftung eine Beweislastumkehr gegen den Beklagten als durch materielles Recht gesetzte Sonderregelung in dem Sinne, dass er beweispflichtig wurde, dass ihn bei Schlechterfüllung des Vertrags kein Verschulden trifft (vgl. Frahm/Nixdorf, S. 80). Die Rechtsprechung hat aber stets abgelehnt diese Beweispflicht im Arztrecht anzuwenden, mit der Begründung der Arzt schulde nicht die erfolgreiche Wiederherstellung der Gesundheit, sondern nur das sorgfältige Bemühen um Hilfe und Heilung (vgl. Gehrlein, S. 94). Im Zusammenhang mit der Arzthaftung wegen Behandlungsfehler hat das Verschulden des Arztes der Patient zu beweisen (vgl. Strachwitz-Helmstatt, RdNr. 490).

Mit der Schuldrechtsreform legt die neuere Rechtsprechung die Beweisregel des alten § 282 BGB durch die Formulierung des neuen § 280, Abs. 1 BGB ebenfalls fest:

„Verletzt der Schuldner eine Pflicht aus dem Schuldverhältnis, so kann der Gläubiger Ersatz des hierdurch entstehenden Schadens verlangen. ***Dies gilt nicht, wenn der Schuldner die Pflichtverletzung nicht zu vertreten hat.*** *"*.

Der Schuldner muss das „Nicht-zu-vertreten" beweisen (vgl. Großkopf/Klein, S. 179 u. S. 223). Verbindlich ist nun festgelegt, dass nach einer feststehenden Pflichtverletzung von Arzt oder Pflege, diese beweisen müssen, dass die Pflichtverletzung von ihnen nicht zu vertreten ist. Diese Beweislastumkehr, aus einer Gesetzesformulierung und nicht aus richterlicher Rechtsfortbildung heraus, hat allerdings im Arztrecht keine große praktische Bedeutung, da es nicht vorgekommen ist, dass zwar ein Behandlungsfehler, aber kein Verschulden des Arztes feststand. Bedeutung hat diese Beweisregel jedoch bei der Rechtsprechung in Fällen aus dem allgemeinen Krankenhausbetrieb und nicht aus dem Kernbereich ärztlichen Handelns. Hier sahen die Gerichte keinen Grund, beim Eintreten vermeidbarer Schäden die Beweislastumkehr nach § 282 BGB (alte Fassung) bzw. nun § 280 nicht anzuwenden. Ebenfalls gelten die entwickelten Grundsätze der Beweislastumkehr in speziellen Gefahren- u. Verantwortungsbereichen weiterhin.

4.2.4 Die typischen Fallgruppen mit Beweiserleichterung für Patienten

Aus dem Arztrecht heraus haben sich durch die Rechtsprechung Fallgruppen herausgebildet, die quasi gewohnheitsrechtlich mit Beweiserleichterungen bis hin zur Beweislastumkehr für die Patientenseite verbunden sind. Deutsch nennt folgende (1999, RdNr. 305 - 318):

- Anscheinsbeweis für Behandlungsfehler und Kausalität
- Dokumentationsmangel
- Schwerer Behandlungsfehler u. Diagnostikfehler
- Organisationsmangel
- Einwirkung auf Beweismittel
- Richterliche Schadensschätzung nach § 287 ZPO

Die hierbei ausgebildete Logik der Beweislastverteilung und richterlichen Urteilsbegründung setzt an der Wahrung der Patienteninteressen und deren Chancengleichheit an und nicht etwa an einer besonderen Rolle des Arztberufs gegenüber anderen Berufen im Gesundheitswesen, deshalb gelten in vergleichbaren Fällen diese Beweiserleichterungen in gleicher Weise bei Angehörigen anderer Heilhilfsberufe, die jedoch berufsbedingt nicht für alle diese Fallgruppen in Frage kommen (weder diagnostische Befunderhebung noch Patientenaufklärung gehört beispielsweise aus juristischer Sicht zum Aufgabenbereich einer Krankenschwester). Im Folgenden werden die Fallgruppen Anscheinsbeweis, Dokumentationsmangel und schwerer Behandlungsfehler näher ausgeführt, da diese auch für die Pflege Bedeutung haben. Ergänzend kommt noch der beweisrechtlich wichtige Fall einer fehlerhaften Aufklärung hinzu, wo es einer Bestimmung der Rolle der Krankenpflege hierbei bedarf. Zu Organisationsmangel siehe 2.4.1 und 4.3.3.6, die Schadensschätzung nach § 287 ZPO siehe 3.4.2.2.

4.2.4.1 Der Anscheinsbeweis

Bei diesem Beweis des ersten Anscheins (prima-facie-Beweis) durch den Patienten handelt es sich nicht um eine Beweislastumkehr, sondern um eine Abmilderung der Beweislast auf Patientenseite (vgl. Laufs § 108, RdNr. 1 ff.).

Es muss einem Sachverhalt (Gesundheitsschaden beim Patienten) in einem Haftungsprozess ein typischer Geschehensablauf zugrunde liegen. Weist ein Tatbestand nach den Erfahrungen des Lebens auf eine bestimmte Ursache oder Folge hin, so wird durch diese Typizität ein Kausalzusammenhang von Fehler und Schaden als gegeben angesehen. Der gesamte Fall muss das Gepräge des Üblichen und Gewöhnlichen haben (vgl. Großkopf/Klein, S. 216 ff.). Es muss sich ein medizinischer Erfahrungssatz bilden lassen. Sobald aus einem bestimmten Behandlungsfehler typischerweise auf einen Schaden und umgekehrt aus einem Schaden auf einen bestimmten Behandlungsfehler geschlossen werden kann, muss der Arzt den Anschein durch eigenen Beweis eines atypischen Verlaufs erschüttern.

Gelingt ihm dies, trägt der Patient dann wieder seine volle Beweislast für die Kausalität.

Der Raum für ein Greifen des prima-facie-Beweises bleibt in der Medizin eher begrenzt, da es hier gerade an der Typizität der Befunde und Handlungsverläufen vielfach fehlt (vgl. Laufs, a. a. O.), doch kennt die Rechtsprechung im Bereich der Heilbehandlung dennoch einige Anwendungsgebiete, wo sich der Anscheinsbeweis gefestigt hat (vgl. Großkopf/Klein, S. 218).

Ein klassischer Fall ist das Zurücklassen von Fremdkörpern im Körper eines Patienten (Tupfer oder Instrumente werden bei einer Operation in der Wunde vergessen). Dies trägt die Vermutung einer schuldhaften Sorgfaltspflichtverletzung durch Arzt (oder OP-Schwester / Pfleger) in sich.

In der Folge muss nicht mehr der Patient das Verschulden des Handelnden positiv beweisen, sondern dieser muss nun seinerseits das Gericht davon überzeugen, dass dieses Vergessen von Fremdkörpern im OP-Gebiet auf unvorhersehbare, eben untypische Umstände zurückzuführen ist, wie beispielsweise ein schwerwiegender Notfall (z. B. Blutung) während der Operati-

on, die das Personal lebensnah typischerweise bei der völligen Entnahme aller Gegenstände überforderte (vgl. Großkopf/Klein, S. 218).
Weitere Beispiele sind (vgl. Laufs § 108, RdNr. 4 u. 5):
Es erkranken zahlreiche Patienten an Hepatitis B, deren Arzt Dauerausscheider der Erreger ist. Der Anschein spricht für eine Ansteckung durch den Arzt.
Entwickelt sich bei einem Säugling nach erschwerter Geburt, allein durchgeführt von einer Hebamme, eine Nervenschädigung (Erb´sche Lähmung), so spricht der Anschein dafür, dass eine ärztliche Geburtshilfe geboten gewesen wäre und diese den Schaden vermieden hätte.

Besondere Tragweite hat der Anscheinsbeweis im Bereich der fehlerhaften (intramuskulären) Injektionstechnik. Für dieses Schadensgebiet kommen sowohl Ärzte wie Pflegepersonal als Verursacher in Betracht.
Es spricht der erste Anschein für eine schuldhaft fehlerhafte Injektion, wenn unmittelbar bei einer Injektion starke Schmerzen und Lähmungserscheinungen auftreten und eine Ischiasschädigung festzustellen ist oder sich ausgedehnte Gewebsnekrosen entwickeln. (LG Lübeck 1967: Einspritzung von Tomanol; BGH 1957: Injektion von Irgapyrin u. Butazolidin). Hier sprach der erwiesene Gehalt schädigender Substanzen in den Medikamenten für eine außerordentlich große Bedeutung der Wahl einer korrekten Injektionsstelle. Das Eintreten des Schadens erweckte den Anschein einer Injektion an der falschen Stelle.
Dagegen hat das OLG Köln 1994 einen Anscheinsbeweis zugunsten des Patienten abgelehnt, wenn es zwar einen unmittelbaren Injektionsschmerz gibt, der auch längere Zeit anhält, aber in der Folge keine Ischiasverletzung festzustellen ist.
Der Zeitrahmen spielte auch bei einem Urteil 1998 eine Rolle (vgl. OLG Köln, NJW 1999, S. 1790 ff.). Hier war bei einer Klägerin ein operationspflichtiger Glutaealabszess aufgetreten, den sie auf mehrfache Injektionen von Antiphlogistika und Lokalanästhetika durch einen Allgemeinmediziner wegen LWS - Syndrom und Ischialgie zurückführte, insbesondere auf einen Verstoß gegen Hygieneregeln, aber auch auf Medikamentenunverträglichkeit. Der Abszess war 24 Stunden nach der letzten Injektion aufgetreten. Das Gericht sah keine Vermutung eines Pflichtverstoßes durch den Arzt für begründet, weil es keinen Erfahrungssatz gibt, dass Spritzenabszesse nur durch Behandlungsfehler entstehen können. Vielmehr seien sie auch unter Beachtung aller Sorgfalt (und richtiger Desinfektion) nicht immer vermeidbar. Auch der zeitlich enge Zusammenhang von Injektion und Abszess gibt keinen Anlass, von dem Vorliegen eines Anscheinsbeweises auszugehen, da dieser Zeitzusammenhang nicht auf eine Kausalität eines Fehlers für den Schaden hinweist. Die nunmehr beweis-

belastete Patientin scheiterte mit der Klage, weil sie den Beweis eines Behandlungsfehlers durch mangelhafte Desinfektion nicht erbringen konnte. Ohne Erfolg berief sich die Klägerin auch auf eine Beweiserleichterung wegen mangelnder Dokumentation des Arztes. Das Gericht argumentierte, Desinfektion vor Injektion sei als selbstverständliche Routinemaßnahme nicht dokumentationspflichtig. Dies führt zu der Frage, welche Dokumentationspflichten Auswirkungen auf die Beweislage in Haftungsverfahren haben.

4.2.4.2 Dokumentationsmängel

Eine lückenhafte oder ganz unterlassene Dokumentation ist ein gravierendes Hindernis für die Rechtsverwirklichung auf der Seite des Patienten (vgl. Deutsch 1999, RdNr. 310). Deshalb zieht die Rechtsprechung aus Dokumentationsmängeln beweisrechtliche Konsequenzen. Diese können, müssen aber nicht, bis zur Beweislastumkehr gehen. Die Dokumentation der relevanten Daten zur Patientenbehandlung dient der Therapiesicherung, ist Arbeitsmittel, Bestandteil der Qualitätssicherung (Kommunikations- u. Informationsverbesserung) und zu nicht unwesentlichem Teil forensische Beweissicherung (vgl. Laufs § 111, RdNr.1 u. Roßbruch, PflegeRecht 6/98, S. 126).
Vor einem richtungsweisenden Urteil des BGH zur Beweislast bei unzulänglicher ärztlicher Dokumentation (NJW 1978, S. 2337 ff.) galt diese nur als beliebige Gedächtnisstütze, mit dem Urteil wurde die Pflicht zu angemessener Dokumentation sowohl als vertragliche Nebenpflicht, als auch als Pflicht aus ärztlicher Berufsordnung heraus festgestellt.
Bleibt eine dokumentationsbedürftige Tatsache in den Krankenunterlagen undokumentiert, so folgt vor Gericht die Vermutung: „*Was nicht dokumentiert ist, ist auch nicht geschehen*“ (s. Großkopf/Klein, S. 229). Dabei ist einschränkend zu bemerken, dass Dokumentationslücken allein noch kein Haftungsgrund sind. Das Fehlen eines Vermerks indiziert vor Gericht nur das Unterbleiben einer Maßnahme, erleichtert also dem Patienten den Nachweis eines Arztfehlers, nicht aber den wesentlichen Nachweis der Kausalität dieses Fehlers für den Schaden (vgl. Laufs § 111, RdNr. 8). Jedoch: „ *Ausnahmsweise kann ... der Dokumentationsmangel auch für den Nachweis des Ursachenzusammenhangs Bedeutung gewinnen, wenn der ... indizierte Behandlungsfehler als grob zu bewerten ist oder sich als Verstoß ... gegen eine besondere Befundsicherungspflicht darstellt und aus* ***diesem Grunde*** *... dem Patienten auch insoweit Erleichterungen für den Kausalitätsnachweis zuzubilligen sind.*“ (BGH, NJW 1989, S. 2330).
Die Beweiserleichterung für Patienten, deren Reichweite wieder auf Grundlage der „Waffengleichheit“ von Fall zu Fall unter Würdigung aller Umstände festgelegt wird, kommt dann in

Betracht, wenn dem Patienten im Schadensfall die Aufhellung des Sachverhalts unzumutbar erschwert wird (vgl. Laufs § 111, RdNr. 6).

Einschränkend gilt jedoch, dass die medizinische Dokumentation in erster Linie therapeutischen Belangen und nicht der Beweissicherung für eventuelle Prozesse dient. Dies sieht auch die Rechtsprechung und bekräftigt eine Dokumentationspflicht nur für wesentliche Fakten. *„Eine Dokumentation, die medizinisch nicht erforderlich ist, ist daher nicht geboten."* (s. Großkopf/Klein, S. 229). Dies gilt für Selbstverständlichkeiten, reine Routinemaßnahmen und übliche Handgriffe, die Einstufung als medizinische Erforderlichkeit hängt allerdings vom konkreten Fall (u. d. Urteil des Sachverständigen!) ab.

Beispielsweise klagte ein Patient auf DM 100.000 Schadensersatz wegen der Amputation des linken Unterschenkels bei einem nicht rechtzeitig erkannten Morbus Sudeck (vgl. BGH, NJW 1993, S. 2375 ff.). In der Revision wurde das Urteil des Berufungsgerichts, welches der Klage stattgegeben hatte, aufgehoben und an die Vorinstanz zurückverwiesen. Begründet wurde dies mit dem Umstand, dass dem Patienten keine Beweiserleichterung zugute kommen, wenn nur medizinisch nicht übliche Dokumentationen unterbleiben. In diesem Fall stellte der Sachverständige fest, dass es zwar bedauerlich, aber in der Praxis üblich sei, negative Befunde von Untersuchungen (hier Tastbefund eines Fußes während der Visiten auf Symptome einer Sudeckerkrankung) nicht festzuhalten. Das Revisionsgericht schloss daraus, dass deshalb nicht aus der mangelnden Dokumentation negativer Befunde automatisch auf ein Unterbleiben dieser Untersuchungen geschlossen werden kann.

Die beweisrechtlichen Grundsätze bei der ärztlichen Dokumentation gelten auch für die Pflegedokumentation. Zum Verhältnis Pflegedokumentation zu ärztlicher Dokumentation siehe 4.3.3.4.

4.2.4.3 Grobe Behandlungsfehler und mangelnde Diagnostik

Im Bereich grober (schwerer) Behandlungsfehler führte die Rechtsprechung eine vollständige Beweislastumkehr hinsichtlich des Kausalitätsnachweises zugunsten des Patienten ein (vgl. Großkopf/Klein, S. 224). Unter einem groben Fehler ist nach dem BGH ein Fehlverhalten zu verstehen, dass aus objektiver ärztlicher Sicht unter Anlegung des geltenden Ausbildungs- u. Wissensmaßstabes nicht mehr verständlich und verantwortbar erscheint, weil ein solcher Fehler dem behandelndem Arzt schlechterdings nicht unterlaufen darf (vgl. Laufs § 110, RdNr. 5).

Erstmals seit einem Urteil 1967 sieht sich der BGH verpflichtet, der Beweisnot des Patienten abzuhelfen, wenn der Arzt durch sein Verhalten eine Situation geschaffen hat, in der nicht mehr erkennbar sei, wie der Verlauf bei ordnungsgemäßer Hilfe gewesen wäre (vgl. Laufs § 110, RdNr. 2). Der Arzt ist deshalb „näher daran" das Beweisrisiko zu tragen, zumal der Patient kaum etwas zur Klärung beitragen könne. Der Behandlungsfehler muss die Aufklärung derart erschweren, dass dem Patienten nach Treu und Glauben der volle Kausalitätsbeweis nicht mehr zuzumuten ist (vgl. BGH, NJW 1967, S. 1508). Hat der Patient zunächst einen elementaren Fehler und ein schuldhaftes Verhalten (was im Vergleich zur Kausalität eher unproblematisch ist) bewiesen, muss nunmehr Arzt (oder Pflegekraft) den Beweis erbringen, dass er den Schaden nicht verursacht hat. Es ergibt sich also aus einem groben Fehler eine Vermutung vor Gericht hinsichtlich der Kausalität (vgl. Großkopf/Klein, S. 224). Die Feststellung, ob ein Fehler als grob einzuschätzen ist, trifft in jedem Fall der Richter, der sich hierbei vom Sachverständigen unabhängig machen muss.

Im Unterschied zum Anscheinsbeweis muss der Ursachenzusammenhang beim groben Fehler nicht naheliegend oder gar typisch sein, um die Beweiserleichterungen zu rechtfertigen (vgl. Laufs § 110, RdNr. 6). Es entsteht hier aber nur eine Beweiserleichterung für die haftungsbegründende, nicht für die (allerdings ohnehin schon erleichterte) haftungsausfüllende Kausalität (vgl. Frahm/Nixdorf, S. 86).

Exemplarisch aus einer hohen Zahl von Beispielen entnommen (vgl. Deutsch 1999, RdNr. 315) liegt ein grober Behandlungsfehler etwa vor bei:

- Anästhesist verlässt Patient trotz Atemstörung (OLG Düsseldorf 1986)
- Nichtüberwachung der Temperatur eines frühgeborenen Kindes mit Folge einer dauernden Unterkühlung (OLG Hamm 1995)
- Versäumte tägliche Wundkontrolle wegen erhöhter Infektionsgefahr (OLG Köln 1997)
- Spritze nur mit Wattebausch bedeckt aufbewahrt (BGH 1968)
- Nicht-Abwarten von 30 Sekunden nach Desinfektion der Einstichstelle vor Injektion (OLG Stuttgart 1990)

Betrachtet man die Vielzahl der in der juristischen Literatur aufgelisteten Fälle mit groben Behandlungsfehler, die als Fälle des Arztrecht aufgeführt werden, gewinnt man den Eindruck, dass kaum einer dieser Schäden nicht auch durch die Krankenpflege oder zumindest unter einer möglichen Beteiligung dieser hätte auftreten können.

Ebenfalls zu einer Beweislastumkehr in der Kausalitätsfrage kommt es bei Fehlern in der Diagnostik, wobei mangelnde Befunderhebung und fehlende Befundsicherung durch den Arzt zu unterscheiden sind (vgl. Deutsch 1999, RdNr. 311/312).

Der Arzt ist verpflichtet, die zur Behandlung notwendigen Befunde zu erheben und sicher aufzubewahren. Unterlässt er dies, bringt er den Patienten nicht nur in Gefahr, sondern erschwert auch dessen Prozesssituation. Die Anwendung von Beweiserleichterung für Patienten ist hier deshalb vergleichbar mit der Anwendung bei einem groben Behandlungsfehler. Mangelnde (versäumte) Befunderhebung u. -sicherung ist einem solchen gleichzusetzen. Ein Diagnoseirrtum allerdings (die Fehlinterpretation eines immerhin erhobenen Befunds) ist nur als schwerer Fehler zu bewerten, wenn es sich um ein „fundamentales Missverständnis" handelt (vgl. Laufs § 110, RdNr. 8). Die mangelnde Befundsicherung ist zu verstehen als Versäumnis, die erhobenen Daten sorgfältig zu verwahren. Die Versäumnisse reichen von versehentlichem Verlieren bis zur vorsätzlichen Vernichtung. Da der Effekt für den Patienten dabei gleich ist, gilt die Beweiserleichterung unabhängig vom Fahrlässigkeitsgrad des ärztlichen Fehlverhaltens.

4.2.4.4 Aufklärungsfehler

Wie bereits dargestellt (s. 3.4.2.1), benötigt der Arzt bei jeder medizinischen Maßnahme, um dem Tatbestand der Körperverletzung zu entgehen, die wirksame Einwilligung des Patienten. Dieser Rechtfertigungsgrund der Einwilligung ist nach der ZPO rechtstechnisch eine sog. Einwendung, die von dem zu beweisen ist, der sie anführt. Dies bedeutet, dass die ordnungsgemäße Aufklärung des Patienten immer schon vom Arzt zu beweisen war (vgl. Deutsch 1999, RdNr. 320).

Das führt in der juristischen Praxis dazu, dass gut informierte Patienten einen Aufklärungsfehler als Auffangtatbestand vor Gericht anführen, wenn sie in die Gefahr geraten, parallel dazu ihren vorgetragenen Behandlungsfehler nicht beweisen zu können, um so trotzdem noch einen Schadensersatz zu erlangen (vgl. Laufs § 63, RdNr. 3). Der Arzt hat die Gefahren und finanziellen Folgen seines Eingriffs zu tragen, wenn er im Streitfall nicht den Nachweis führt, den Patienten im rechtlichen Sinn voll aufgeklärt zu haben.

Die Pflicht zur wirksamen, ärztlichen Aufklärung verwirklicht das Grundrecht des Patienten auf Selbstbestimmung. In aller Kürze zusammengefasst, lässt sich sagen: Ein Patient muss aufgeklärt werden über: Anlass, Dringlichkeit, Umfang, Schwere, Risiken, Art und Folgen, mögliche Nebenwirkungen eines geplanten Eingriffs, dessen Erfolgsaussichten, Folgen der

Nichtbehandlung, etwaige Behandlungs- u. Kostenalternativen, Namen und Ausbildungsstand des Operateurs und die (ausreichende) Ausstattung der Klinik (vgl. Großkopf/Klein, S. 84). Im Bereich der Risikoaufklärung, die möglichen Folgen eines Eingriffs betreffend, liegt der Schwerpunkt der Aufklärungsproblematik. Zwar hat der Arzt im Wesentlichen hier die Faktoren Häufigkeit einer Komplikation, Dringlichkeit des Eingriffs, Schwere der Operation und Verständigkeit des Patienten zu berücksichtigen, jedoch ist er durch eine Vielzahl richterlicher Urteile (siehe Laufs § 64, RdNr. 3, insb. Fußnote 6) verpflichtet, ebenfalls über seltene Risiken aufzuklären, wenn sie das Leben des Patienten schwer belasten würden und trotz ihrer Seltenheit für den Eingriff spezifisch und für den Laien überraschend sind.
Da das Prinzip der patientenbezogenen, individuellen Information gilt, hat der BGH auch Vorbehalte gegen die Verwendung von Aufklärungsformularen.
Die Aufklärung ist eine nicht delegationsfähige, genuin ärztliche Tätigkeit. Sowohl zivilrechtlich, wie strafrechtlich ist eine Delegation auf das Pflegepersonal nicht zulässig (vgl. Großkopf/Klein, S. 87).
Sollte (wie in der Praxis üblich) eine Krankenschwester vom Patienten um Aufklärung gebeten werden, so muss sie den Patienten an den Arzt verweisen, wenn sie bei dem ärztlichen Aufklärungsgespräch nicht zugegen war. Ist sie über den Inhalt der ärztlichen Aufklärung informiert, kann sie die Angaben des Arztes „verdeutlichen", keinesfalls aber „interpretieren oder ergänzen" (vgl. Höfert 1998, S. 44). Mit der Ausnahme eines Notfalls ist davon auszugehen, dass bei einer eigenmächtigen Aufklärung durch die Pflege im Schadensfall diese Kompetenzüberschreitung als grober Fehler mit den entsprechenden beweisrechtlichen Folgen bewertet würde.
Jedoch benötigen auch die Pflegekräfte für ihre Maßnahmen eine wirksame Einwilligung des Patienten; dass diese auch stillschweigend (mutmaßliche Einwilligung) erfolgen kann, belegt folgender Fall:
Vor dem BGH (vgl. NJW 1980, S. 1903 ff.) klagte eine Patientin (selbst Krankenschwester) gegen ein Krankenhaus und eine Krankenschwester, weil sie aufgrund einer i.m.-Injektion in ein massiv vorgeschädigtes Bein durch die Stationsschwester einen Abszess davontrug, der im Endeffekt zur Amputation führte. Die Beschuldigung war hauptsächlich, dass die Schwester ohne wirksame Einwilligung die Injektion entgegen der geäußerten Bedenken erstmals in das kranke linke Bein vornahm, wobei die Stationsschwester das deutliche Sträuben der Patientin mit der Bemerkung „Das macht doch nichts" kurz wegwischte. Das Gericht ging jedoch davon aus, dass die Patientin im Sinne einer stillschweigenden Einwilligung auch vorher schon die 100 (!) vorangegangenen Injektionen in das andere Bein geduldet hatte und

sich diese Einwilligung auf alle geeigneten Körperstellen bezog. Weiter sah das Gericht die Bedenken der Patientin durch die Stationsschwester für ausreichend zerstreut an, weil die Patientin die Injektion nach der Desinfektion tatsächlich vornehmen ließ. Für das Gericht kamen auch keine Beweiserleichterungen für die Patientin in Frage. Hinzuzufügen ist, dass der BGH das Verfahren zurückverwies, weil er einen von den Vorinstanzen übersehenen Behandlungsfehler ärztlicherseits darin sah, dass der Patientin überhaupt über 100 intramuskuläre Injektionen eines Vitaminpräparats unreflektiert verabreicht wurden. Bemerkenswert ist ebenfalls, dass somit das Verfahren zehn Jahre nach Eintritt des Schadens immer noch nicht entschieden war. Ergebnis bleibt: Der Patient willigt nicht nur in ärztliches Handeln ein, sondern auch in nicht-ärztliches Tun durch schlüssiges Verhalten; er duldet die Handlung, also willigt er ein (vgl. Böhme, Pflege- & Krankenhausrecht 2/98, S. 33).

4.2.5 Haftungsverantwortung bei gemeinsamer Handlung von Arzt und Pflege

Nimmt ein Patient wegen eines erlittenen Schadens gesamtschuldnerisch Arzt und an der Handlung beteiligtes Pflegepersonal in Anspruch, ist gerichtlich zu klären, welche der beklagten Parteien den nun tatsächlich auch eine Verantwortung trifft.

Die besonders komplizierte arbeitsteilige Organisation in einem Krankenhaus kann es dem Gericht schwer machen, diese Verantwortung der verschiedenen Beteiligten abzugrenzen.

Die Frage ist, wann trifft die Schuld die Pflege selbst und wann haftet ein Arzt für das Tun des Pflegepersonals ?

Beispielsweise legte eine Krankenschwester zur Bekämpfung einer Körperuntertemperatur bei einem frühgeborenen Kind zwei Wärmflaschen in einen Inkubator. Als eine der Wärmflaschen platzte, kam es zu starken Verbrühungen, und dem Frühgeborenen musste ein Fuß teilweise amputiert werden. Vom Kläger wurde neben dem Träger und der Krankenschwester auch der Chefarzt beklagt. Nach der Verhandlung vor mehreren Instanzen hatte der BGH letztlich zu entscheiden, wer unter den Beklagten verantwortlich war (vgl. BGH, NJW 1994, S. 1594). Hier sah der BGH, für den Betrachter vordergründig durchaus überraschend, die Haftung des Chefarztes als gegeben. Der Chefarzt sei verpflichtet, durch organisatorische Maßnahmen sicherzustellen, dass bei Wärmflaschen, die zur Verwendung in Inkubatoren bestimmt sind, zumindest das Anschaffungsdatum erfasst wird, dass sie vor jedem Einsatz äußerlich geprüft und nach kurzer Gebrauchsdauer ausgesondert werden, was im vorliegenden Fall nicht geschehen war.

Das Urteil wurde möglich, da die Verwendung von Wärmflaschen in Zusammenhang mit einer Inkubatorbehandlung gerichtlich als Behandlungspflege eingeschätzt und ein schadensverursachender Organisationsfehler aus rein ärztlicher Verantwortung gesehen wurde. Eine Verantwortung der handelnden Krankenschwester, der keine mangelnde Kontrolle der betreffenden Wärmflasche nachgewiesen werden konnte, wurde abgewiesen, eine Mithaftung des Trägers bejaht. Wäre das Unglück mit der Wärmflasche allerdings im Rahmen der Grundpflege, z. B. auf einer Allgemeinstation aufgetreten, wäre niemand auf die Idee gekommen, den Chefarzt zu belasten. Bei diesem Verfahren kamen der Klägerpartei zwar keine Beweislastumkehr bei der Kausalitätsfrage zugute, da das Gericht keine grob fehlerhafte Handlung beim Organisationsfehler des Chefarztes sah, jedoch führte die fahrlässige Vernichtung der Wärmflasche seitens der Klinik (Beweislastumkehr wegen fahrlässiger Beweisvereitlung – möglich nach § 444 ZPO) zu Beweiserleichterung beim Kläger. Der Nachweis eines Materialfehlers bei der Wärmflasche, was eine eventuelle Produzentenhaftung hätte begründen können, war durch das Wegwerfen der Wärmflasche ebenfalls nicht mehr möglich.

Ebenfalls wurde bei einem anderen Fall (vgl. BGH, NJW 1981, S. 628) der Operateur, ein Urologe, in die Haftung genommen, als die Krankenschwester einer Patientin ein gefäßschädigendes Kurzhypnotikum („Epontol") über einen, von ihr zudem noch an unüblicher Stelle angelegten, Gefäßzugang versehentlich arteriell mit üblen Folgen (Fingeramputation) spritzte. Der Arzt hatte auf die ersten Anzeichen (Schmerzäußerung der Patientin) einer Fehlinjektion nicht reagiert und ließ eine weitere, größere Injektion zu. Galt die Erstinjektion noch gerichtlich als eventuell nicht unbedingt vom Arzt zu verantworten, so lag sein kausal den Schaden verursachendes Fehlverhalten im Dulden der Zweitinjektion. Die Verantwortung für alle Tätigkeiten im Zusammenhang mit der Narkose lag auch bei dem Einsatz einer erfahrenen Krankenschwester bei ihm. Da die Kausalität der arteriellen Injektion für den Schaden unstrittig feststand, hätte der Arzt nun beweisen müssen, dass die erste Injektion (ohne seine Verantwortung) den Schaden auch allein herbeigeführt hätte. Dieser Beweis war ihm nicht möglich.

Bei der Abgrenzung ärztlicher von nichtärztlicher Verantwortung ist in der juristischen Auffassung der Gefährdungsgedanke maßgeblich (vgl. Böhme 1996, S. 219 ff.): Der Patient ist vor Gefahr durch konkrete Tätigkeiten zu schützen, dabei kommt es auf Kenntnisniveau des nichtärztlichen Mitarbeiters, die Einfachheit der Maßnahme, die Nähe von Gefahr für den Patienten und die absolute Überwachbarkeit durch den Arzt an, ob eine Aufgabe von einer Pflegekraft verantwortet werden kann oder die Letztverantwortung des Arztes gegeben ist. In einem arbeitsteiligen Bereich wie insbesondere dem Krankenhaus gibt es für jeden Beruf nur eine begrenzte Autonomie. Ebenso, wie der Arzt nicht Kraft seiner Ausbildung zur Übernahme pflegerischer Aufgaben befähigt ist, kann einer Krankenschwester nicht eine Tätigkeit übertragen werden, die durch ihre Gefährlichkeit ärztliche Kenntnisse erfordert. Neben der Darstellung des Beweisrechts soll im folgenden Gliederungspunkt näher beleuchtet werden, wo nichtärztliches Personal einen gewissen eigenständigen Arbeitsbereich hat, oder wo in mehr oder weniger großem Umfang Tätigkeit als „Handlanger" des Arztes stattfindet.

4.3 Die Haftungsverantwortung der Pflege und die beweisrechtlichen Regelungen

Ein Zivilverfahren weist den handelnden Personen, auch durch die Anwendung der Regeln des Beweisrechts, eine Verantwortung zu. Die Beweislastumkehr im Pflegerecht kann nicht dargestellt werden, ohne auch auf die Frage einzugehen, ob die Pflege überhaupt eine eigenständige Verantwortung für ihre berufliche Tätigkeit hat und auf welchen Gebieten diese besteht.

Bei an medizinischen Behandlungen beteiligten Personen besteht ein Bedürfnis nach Rechtssicherheit (vgl. Großkopf, Pflege- & Krankenhausrecht 3/02, S. 64). Eine Schlüsselrolle hierbei hat das Problem, ob es einen eigenständigen Kompetenzbereich der Pflege gegenüber einem ärztlichen Primat gibt und somit auch eine alleinige haftungsrechtliche Verantwortung in diesem Bereich. Die explosionsartige Komplexitätssteigerung der Medizin, die immer differenziertere Arbeitsteilung zwischen Arzt und sog. Heilhilfsberufen und die wachsende Technisierung verhindern, dass ein Arzt diese Aufgaben ohne spezialisiertes, eigenverantwortlich tätiges Assistenzpersonal noch alleine wahrnehmen kann (vgl. Großkopf a. a. O., S. 63).

Die haftungsrechtliche Verantwortung der Pflege ist auch abhängig von der kontrovers diskutierten Frage des „arztfreien Raumes" in der Pflege und dem Inhalt von Begriffen wie Grund- u. Behandlungspflege und Anordnung- u. Durchführungskompetenz, womit das Delegationsrecht berührt wird. Hier gibt es beweisrechtliche Folgen für Pflegekräfte bei Fehlhandlungen.

Die bewährte richterliche Spruchpraxis, seit Jahrzehnten herausgebildet im Bereich des Arztrechts, ist absolut bedeutend für Rechtsfälle aus dem Bereich der Pflege. In einem Urteil des OLG Oldenburg von 1999 in einem Dekubitusprozess stellte das Gericht ausdrücklich fest (vgl. PflegeRecht 2000, S. 262): *„Die Regeln der Beweislastverteilung bei ärztlichen Behand-*

lungsfehlern gelten auch beim Krankenpflegepersonal – und somit auch für anderes Pflegepersonal.“

Der Ausgangspunkt für die Entwicklung der Beweislastumkehr im Haftungsrecht der Pflege ist das Arztrecht, in beiden Bereichen gelten zum Schutz des klagenden Patienten die gleichen grundlegenden Regeln.

4.3.1 Die ärztliche Gesamtverantwortung

Anlässlich der Einführung der neuen Dienstordnung für die städtischen Krankenhäuser München 1994, wo die Verantwortung im Bereich der „allgemeinen“ Pflege umfassend der Pflegedienstleitung und damit allein der Sphäre des Pflegeberufs zugeordnet wurde, entbrannte ein Streit in der medizinisch - juristischen Literatur um die Frage, ob es in der Krankenpflege einen eigenverantwortlichen, „arztfreien“ Raum gibt (vgl. Ulsenheimer, S. 22 ff., Schulte - Sasse, S. 26 f., Maas, S. 27 f. in: Das Krankenhaus 1/1997).

Während die eine Seite die Ansicht vertritt, dass es diesen Bereich eben nicht gibt, sondern alle pflegerischen Tätigkeiten, auch noch so unbedeutender Art, als Heilbehandlung in den Zuständigkeitsbereich des Arztes fallen (vgl. Ulsenheimer a. a. O., S. 22 ff.), hält die andere Seite einen eigenen Verantwortungsbereich der Pflege aus der modernen Entwicklung von Berufs-, Sozial-, u. Organisationsrecht für zulässig und geradezu geboten (vgl. Böhme, Pflege- & Krankenhausrecht 2/98, S. 30).

Nach der Auffassung Ulsenheimers ergibt sich die uneingeschränkte Gesamtverantwortung des Arztes aus den Rechtsnormen der Bundesärzteordnung (BÄO) und der einzigen gesetzlichen Regelung zur Heilkunde, dem Heilpraktikergesetz von 1939, wonach jede Tätigkeit, die den Heilungsprozess eines Menschen fördert, einer ärztlichen Anordnung bedarf (vgl. Ulsenheimer a. a. O., S. 23). Besonders die haftungsrechtliche Endverantwortung des Chefarztes lässt sich nicht einschränken und erfordere weitgehende Kontrollpflichten in Kernbereichen der Pflege (insbesondere auch bei der Grundpflege). Regelungen originärer und ausschließlicher Zuständigkeit der Pflege ließen therapeutische „Alleingänge“ der Pflege befürchten und diesen Beruf mit unabsehbaren Haftungsrisiken belasten. Es wäre schlussendlich ureigenstes Interesse des Pflegediensts, dass seine Verantwortlichkeit unter dem Vorbehalt der ärztlichen Anordnung und Aufsicht steht (Ulsenheimer a. a. O., S. 25).

Die Auffassung der Gegenseite bejaht die Gesamtverantwortung des Arztes vor allem im Krankenhausbereich durch die Festschreibung im Sachleistungsprinzip des § 39 des SBG V,

wo die alleinige ärztliche Verantwortung im Rahmen der ärztlichen Diagnostik und Therapie vorgegeben ist (vgl. Böhme, Pflege- & Krankenhausrecht 2/98, S. 30). Diese ärztliche Gesamtverantwortung stehe aber im Spannungsverhältnis zur Eigenverantwortung des Pflegedienstes, der im kollegial geführten Krankenhaus als eigene Säule organisiert ist und von Pflegedienstleitungen organisiert wird. Hier ist kein unmittelbares ärztliches Zugriffsrecht gegeben. Der ärztliche Dienst ist unmittelbar nur fachlich weisungsbefugt, unter Beachtung der Führungsverantwortung des Pflegedienstes. Dabei ist der Dienstweg einzuhalten.
Pflüger stellt fest, dass gerade auch im Kernbereich pflegerischer Aufgaben die haftungsrechtliche Steuerungsverantwortung den Arzt und zuvorderst den leitenden Arzt trifft (vgl. S. 140). Der Arzt habe die erkennbaren Gefahrenpotentiale durch seine Weisungen zu neutralisieren. Im Kernbereich der Grundpflege gäbe es keinen arztfreien Raum, dies gilt erst recht für die Delegation originär ärztlicher Aufgaben (Behandlungspflege).
Großkopf dagegen führt aus, dass sich der pflegerische Kompetenzbereich nicht aus gesetzlichen Grundlagen (z. B. Heilpraktikergesetz, Krankenpflegegesetz, SGB V, SGB XI) ermitteln lässt (vgl. Großkopf, Pflege- & Krankenhausrecht 3/02, S. 64 ff.), sondern aus den Grundsätzen der ständigen Rechtsprechung, die mittlerweile deutlich zwischen eigenverantwortlicher Grundpflege mit umfassender pflegerischer Weisungskompetenz und Verantwortlichkeit und der, dem ärzt-lichen Weisungsrecht unterliegenden Behandlungspflege, unterscheide. Die ärztliche Gesamtverantwortung sei immer nur dann zu verlangen, wenn durch pflegerische Maßnahmen eine Gesundheitsbeeinträchtigung des Patienten zu befürchten ist. Der arztfreie Raum in der Pflege läge ansonsten tatsächlich im Bereich einer weisungsunabhängigen Grundpflege vor (vgl. Großkopf, a. a. O., S. 68). Die Abgrenzung von Grund- u. Behandlungspflege aber (ursprünglich ein Begriff aus dem Leistungsrecht - § 37 SGB V, Häusliche Krankenpflege) ist aus pflegewissenschaftlicher Sicht freilich sowieso überholt und sozialrechtlich brisant (vgl. Klie, Pflege- & Krankenhausrecht 1/98, S. 13 ff.).
Bei der Diskussion zu einem eigenverantwortlichen Aufgabenbereich in der Pflege geht es jedoch eher um eine Abgrenzung der Kompetenzen unter dem Aspekt der Teilhabe der Berufsgruppen am Gesamtkuchen der Gesundheitsversorgung und weniger um die haftungsrechtlichen Folgen eines arztfreien Raumes (vgl. Böhme, Pflege- & Krankenhausrecht 2/98, S. 30).
In Haftungsrechtprozessen verteilt die Rechtsprechung die Verantwortung sehr genau, indem sie unterscheidet, aus welchem Risikobereich welcher Berufsgruppe ein Schaden kommt.
Eine in diese Richtung gehende Auffassung vertritt auch Steffen, als ehemaliger Vorsitzender Richter am BGH, ein versierter und neutraler Betrachter: „*Vorrangige Aufgabe von Kranken-*

schwester, Krankenpfleger und ... ist die Grund- und Funktionspflege sowie die pflegerische Ergänzung des ärztlichen Behandlungskonzepts durch die Behandlungspflege. Insoweit erfüllen sie originäre, nicht aus dem ärztlichen Tätigkeitsbereich abgeleitete Aufgaben. Sie sind insoweit keine Erfüllungsgehilfen des Arztes, sondern stehen unter der Weisungs- und Überwachungskompetenz allein der Pflegedienstleitung. In Bezug auf spezifische diagnostische und therapeutische Anforderungen an die Pflege hat jedoch der Arzt ein Weisungsrecht. Umgekehrt haben die für die Pflege Verantwortlichen den Arzt auf Grenzen und Unvereinbarkeiten für die ärztliche Behandlung aus der pflegerischen Situation hinzuweisen. Gefordert ist hier eine Kooperation, für die jedes Rang- und Konkurrenzdenken unangebracht ist." (1996, zitiert nach Böhme, Pflege- & Krankenhausrecht 1/1998, S. 2 f.).

Am Beispiel eines Sturzes eines halbseitig gelähmten Patienten bei der Mobilisation von der Bettkante durch die Schwester zeigte sich folgerichtig die alleinige Zuweisung der Verantwortung in den Kontrollbereich der Pflege durch den BGH (Großkopf, *Urteil 4*). Hier war keine Rede von irgendeiner Verantwortung des Arztes durch eine etwaig vernachlässigte Kontroll- u. Hinweispflicht.
Zwar reicht das fachliche Weisungsrecht des Arztes bis in jede Tätigkeit der Pflege am Patienten, jedoch nur dann aktiv, wenn ein besonderes Gefährdungspotential für den Patienten besteht. Die Zivilgerichte weisen der Pflege aber sehr wohl die Verantwortung für ihr Handeln zu, zumindest aus unerlaubter Handlung haftet dem Patient sowieso jeder Mitarbeiter selbst und auch einer strafrechtlichen Verantwortung kann sich niemand entziehen. Dies gilt auch, wenn es eine ausgesprochene Pflegehaftpflichtrechtsprechung noch nicht gibt, sondern bei Heilbehandlung noch eine Arzthaftpflichtrechtsprechung vorliegt, die grundsätzlich konservativ urteilend auf die ärztliche Gesamtverantwortung abstellt und der Pflege nur Hilfsfunktion beimisst (vgl. Böhme, Pflege- & Krankenhausrecht 2/98, S. 31). Ein gänzlich arztfreier Bereich im Rahmen der Heilbehandlung ist abzulehnen, unabhängig davon ist es trotzdem notwendig, eigenständige Verantwortungsbereiche für die Pflege zu definieren (vgl. Saffé/Sträßner, PflegeRecht 4/97, S. 98). Diese stehen unter der Überwachungsverantwortung der PDL, der Arzt hat lediglich eine allgemeine Hinweis- u. Kontrollpflicht im Einzelfall, falls die Pflege notwendige Maßnahmen nicht erkennt.
In der Rechtsprechung der Zivilgerichte zur Heilbehandlungshaftpflicht bleibt es bei der ärztlichen Gesamtverantwortung. Dem Arzt sind weitgehende Aufsichts- u. Überwachungspflichten eingeräumt, denen der Arzt durch regelmäßige Stichproben der Pflegetätigkeit genügen muss (vgl. Brenner, S. 232).

4.3.2 Delegationsrecht

Die Grenzen zwischen originärer Pflege und ärztlich delegierter (Behandlungs-) Pflege sind fließend, einzelfallabhängig und eine gesetzliche Festlegung, ob und wie weit Krankenpflegepersonal ärztliche Tätigkeiten durchführen darf, gibt es nicht (vgl. Saffé/Sträßner, PflegeRecht 4/97, S. 98). Die Frage der Arbeitsteilung und Aufgabenzuteilung in einem Krankenhaus ist eine Frage der organisatorischen Regelung seitens des Krankenhausmanagements, um Rechtssicherheit zu schaffen, u. a. mit der Formulierung von Dienstanweisungen. Der Kernbereich ärztlichen Handelns bleibt ausschließlich den Medizinern vorbehalten, eine Notwendigkeit der Regelung der Abgrenzung ärztlicher von pflegerischer Tätigkeit bleibt trotzdem bestehen (vgl. Großkopf/Klein, S. 198).

Das Krankenpflegegesetz (1985) ist ein Schutzgesetz für die Berufsbezeichnung und keine gesetzliche Grundlage irgendwelcher eigener Vorbehaltsaufgaben der Krankenpflege, die natürlich die ausschließliche rechtliche Verantwortung der Pflege für diese beinhalten würden. Dies ändert sich auch nicht mit der geplanten Reform des KrPflG (ab 1.1.2004). Zwar werden hier in § 3, Satz 2 Ausbildungsziele wie folgt neu gefasst, unter politisch gewollter Betonung eigenständiger Aufgaben (vgl. BM f. Gesundheit, *Entwurf e. Gesetzes):*

(2) Die Ausbildung für die Pflege nach Absatz 1 soll insbesondere dazu befähigen

1. die folgenden Aufgaben ***eigenständig auszuführen*** (Hervorheb. d. d. Verf.):

a) Erhebung und Feststellung des Pflegebedarfs, Planung, Organisation, Durchführung und Dokumentation der Pflege,

b) Evaluation der Pflege, Sicherung und Entwicklung der Qualität der Pflege,

c) Beratung, Anleitung und Unterstützung von Patientinnen und Patienten und ihrer Bezugspersonen in der individuellen Auseinandersetzung mit Gesundheit und Krankheit,

d) Einleitung lebenserhaltender Sofortmaßnahmen bis zum Eintreffen der Ärztin oder des Arztes,

2. die folgenden Aufgaben im ***Rahmen der Mitwirkung auszuführen****:*

a) eigenständige Durchführung ärztlich veranlasster Maßnahmen,

b) Maßnahmen der medizinischen Diagnostik, Therapie oder Rehabilitation,

c) Maßnahmen in Krisen- und Katastrophensituationen,

3. interdisziplinär mit anderen Berufsgruppen zusammenzuarbeiten und dabei multidisziplinäre und berufsübergreifende Lösungen von Gesundheitsproblemen zu entwickeln.

Gleichzeitig wird jedoch eine Neubewertung der Verantwortung der Krankenpflege ausdrücklich abgelehnt mit dem Hinweis, dass diese unter Ziffer 1 genannten, originären Aufgaben der Pflege (Pflegebedarfserhebung, -planung- u. -dokumentation) keine Vorbehaltsaufgaben manifestieren (vgl. BM f. Gesundheit, *Begründung z. Gesetz*). Gerade die Formel von der „verantwortlichen Mitwirkung" in Ziffer 2 hält die Frage der Arztabhängigkeit offen, und die Formulierung allgemeiner Ausbildungsziele ist noch nicht die Verankerung vorbehaltlicher Aufgabenbereiche, wohl aber ist eine künftige Domäne der Pflege schon angedacht (vgl. Welti, Pflege & Krankenhausrecht 3/99, S. 58).

Die Veränderung der vom Gesetzgeber geregelten Festlegung der pflegerischen Aufgabenstellung ist in der geplanten Reform, wie auch schon in der von 1985, vor dem Hintergrund einer europäischen Harmonisierung des Rechts und der Umsetzung von EWG-Richtlinien zu sehen und nicht als Willenserklärung aufzufassen, die Autonomie der Krankenpflege zu stärken. Im Interesse des Staates muss der Schutz der Bevölkerung, genauer der Patienten, liegen und nicht die Stärkung einer Berufsgruppe. Deshalb betont der Gesetzgeber auch im Zusammenspiel der Heilberufe die gegenseitige Pflicht zur Kooperation.

Die Reichweite der Aufgabendelegation wird danach abgegrenzt, ob ärztliches Fachwissen erforderlich ist (vgl. Großkopf/Klein, S. 198). Seit einem Urteil des BGH (vgl. NJW 1994, S. 1400) wird in der Rechtsprechung bezüglich der Haftung grundsätzlich nach den Bereichen Grundpflege und Behandlungspflege differenziert, wobei Grundpflege in den Pflichtenkreis von Pflege und Krankenhausträger und Behandlungspflege in den ärztlich Bereich fällt, diese aber delegierbar ist, wenn eine Gefährdung des Patienten ausgeschlossen ist, die über eine abstrakte Möglichkeit des Schadens hinausgeht.

Es gilt die Regel: Je geringer die Komplikationsdichte und Gefährdungsnähe, desto delegierbarer die Tätigkeit (vgl. Großkopf/Klein, S. 200).

4.3.2.1 Anordnungs- und Durchführungsverantwortung

Die Verantwortung der Krankenpflege im Bereich „Mitwirkung" des obigen Gesetzesauszugs (§ 3, Satz 2, Ziff. 2 Entwurf KrPflG) besteht haftungsrechtlich im Bereich der Durchführungsverantwortung. Sorgt ein Arzt im Rahmen seiner Anordnungsverantwortung bei einer korrekten Delegation einer zulässigen Aufgabe (nicht zulässig: z. B. Bluttransfusionen) für die Auswahl des geeigneten Mitarbeiters, so liegt die Verantwortung für die sach- u. fachgerechte Ausführung bei der Pflegekraft, mit zivil- u. strafrechtlicher Haftbarkeit für diese. Als kurze Formel ausgedrückt: Der Arzt entscheidet über das „ob", die Pflege über das „wie". Beide sind für ihren Teil voll verantwortlich. Die Krankenpflegekraft haftet somit aus der Sicht der Zivilgerichte für alle Fehlleistungen im eigenen Aufgabengebiet (Grundpflege) oder in Aufgabengebieten, die durch korrekte Delegation übertragen wurden. Dabei hat sie den gesicherten Stand pflegerischer Erkenntnisse zu berücksichtigen, die dem jeweiligen Stand der medizinischen Wissenschaft und Technik entsprechen und die Sorgfalt anzuwenden, die eine durchschnittlich ordentliche Pflegekraft in der konkreten Situation anwenden würde (vgl. Großkopf/Klein, S. 192).

Übernimmt eine Pflegekraft eine Aufgabe, der sie nach eigener Einschätzung nicht gewachsen ist, trifft sie ein Übernahmeverschulden. Erkennbar fehlerhafte Anordnungen wiederum darf die Pflegekraft nicht ausführen (Remonstrationspflicht). Führt sie eine fehlerhafte Anordnung aus, haftet sie ebenfalls, falls sie die Fehlerhaftigkeit aufgrund ihres Kenntnisstandes erkennen konnte. Eine Pflegekraft kann ebenfalls die Anordnungsverantwortung treffen, falls sie ihrerseits eine ärztliche Anordnung weiterdelegiert.

4.3.2.2 Grundregeln der Aufgabendelegation und die Rechtsprechung

Dass die Übertragung ärztlicher Aufgaben auf Assistenzpersonal auch aus rechtlicher Sicht zulässig ist, ist geklärt. Allerdings fehlt jede gesetzliche Grundlage, die Art und Umfang festlegen würde (vgl. Großkopf, *Zulässigkeit d. Übertragung ärztl. Aufg.*).

Generell bleiben eine Reihe von Tätigkeiten undelegierbar, auch wenn sie im Berufsalltag Routineangelegenheiten sind. Dazu zählen z. B. Bluttransfusionen u. Medikamentengabe (auf Allgemeinstationen) von Zytostatica, Röntgenkontrastmittel, Herzmittel, (vgl. Großkopf / Klein, S. 200). Die Zulässigkeit einer Delegation ist für die Praxis der Pflege kaum überschaubar, und die alltägliche Wirklichkeit und die gerichtlichen Vorgaben klaffen weit auseinander. Beispielsweise darf ein Anästhesist die intraoperative Vitalparameterkontrolle zu keiner Zeit an Anästhesiepflegepersonal delegieren (OLG Düsseldorf 1987), andererseits ist die Übertragung subkutaner, intramuskulärer und intravenöser Injektionen grundsätzlich zulässig. Gerade im Bereich der Infusionen und Injektionen gewinnt die Delegationsfrage besondere Prägnanz, da die Zahl dieser Eingriffe jährlich die Millionengrenze überschreitet und typische Schäden hier (Spritzenabszess, Hämatome, Infektion, nekrotischer Gewebszerfall, Amputation von Gliedmaßen, Nervenlähmungen) schwere Folgen haben (vgl. Pflüger, S. 143).

Bei der Anordnung muss sich der Arzt, will er seiner Haftungsverantwortung genügen, von materieller und formeller Qualifikation der Pflegekraft überzeugen. Die formelle Qualifikation wird mit einem Berufsabschluss, bzw. Fachweiterbildungen erworben. Die materielle Qualifikation entsteht durch tatsächliche Fähigkeit, Kenntnisse und Erfahrung der Pflegekraft. Zu prüfen ist dabei: Die Beherrschung der Injektionstechnik, Kenntnisse über Wirkung und Nebenwirkungen des Medikaments, die Fähigkeit zur Krankenbeobachtung und sogar, ob die Erste-Hilfe-Maßnahmen von der Pflege beherrscht werden.

Rechtlich problematisch ist die Übertragung von primär ärztlichen Aufgaben wie z. B. intramuskuläre Injektionen an nicht ausreichend formell, aber materiell qualifizierte Pflegekräfte wie Schwesternhelferinnen oder auch Arzthelfer. Der BGH führte anlässlich einer Nervenlähmung, gesetzt durch eine Schwesternhelferin (Megacillinspritze) aus, dass keinesfalls eine übliche Sorglosigkeit in der Praxis, sondern die erforderliche Sorgfalt bei Auswahl und Kontrolle des ausführenden Personals der Maßstab ist (vgl. NJW 1979, S. 1935). Zwar wurde vom Gericht nicht abschließend geklärt, ob eine Schwesternhelferin aufgrund ihrer Ausbildung generell nicht in der Lage ist, Injektionen vorzunehmen, aber es wurde das Fehlverhalten der Klinik darin gesehen, diese Schwesternhelferin nicht sorgfältig anzuleiten und zu überwachen. Die Übertragung solcher Maßnahmen ist kein prinzipielles, sondern ein graduelles Problem, je geringer die Ausbildung, desto höher sei die Überwachungspflicht.
Ebenfalls zu Schadensersatz (weg. Nervenschädigung im Arm) verurteilt wurde ein niedergelassener Arzt, der sich nicht mehr erinnern konnte, an welche seiner drei Arzthelferinnen er eine schädigende Injektion übertragen hatte. Die pauschale Aussage, alle drei wären qualifiziert gewesen, nützte ihm nichts, weil er nach § 831 BGB für den Nachweis von Ausbildung, Fähigkeit seines Personals und deren gute Anleitung beweisbelastet ist und er diesen Beweis mit seinen pauschalen Behauptungen nicht führen konnte (vgl. Großkopf/Klein, S. 207 f.).

Sowohl DBfK wie die Deutsche Krankenhausgesellschaft schlagen deshalb vor, Krankenpflegehelfern nur subkutane Injektionen zu übertragen (vgl. Großkopf/Klein, S. 205), was zwar weitergehende Injektionstechniken faktisch in die Nähe von Vorbehaltsaufgaben ohne rechtliche Grundlage für dreijährig ausgebildetes Krankenpflegepersonal rückt, aber beim Personalmangel der realen Praxis ohnehin ständig nicht eingehalten wird.
Im Ergebnis bleibt festzuhalten, dass bei der Delegation von Injektionen besondere Sorgfalt anzuwenden ist, da jede Nachlässigkeit in der Beurteilung von materieller und formeller Qualifikation der Ausführenden als Organisationsverschulden oder persönliche unerlaubte Handlung geahndet werden kann (vgl. Pflüger, S. 145). Dies gilt nicht nur für den Arzt, sondern auch für eine fehlerhafte Auswahl der ausführenden Person seitens einer (vorgesetzten) Krankenschwester.
Die unzulässige Aufgabendelegation auf Assistenzpersonal hat vor Gericht eine Beweislastumkehr bezüglich der Schadenskausalität zu Lasten der Behandlerseite zu Folge, analog zu der Spruchpraxis, dass sich die Beweislast umkehrt, wenn Schäden aus Operationen auftreten, die Anfänger durchgeführt haben (vgl. Pflüger, S. 143).
Im arztfernen Bereich der Pflegeheime und ambulanten Pflege besteht kein direktes Weisungsrecht des Arztes (vgl. Saffé/Sträßner, PflegeRecht 2/98, S. 33 f.). Auch Behandlungs-

pflege erfolgt dort in der Regel ohne ärztliche Kontrolle, und fachlich weisungsbefugt ist der Fachvorgesetzte (PDL, Gruppenleitung u. ä.).

4.3.3 Sorgfaltspflichtverletzungen im Aufgabenbereich der Pflege

Der Aufgabenbereich der Krankenpflege ist ein schadensträchtiges Arbeitsfeld. Ein hoher Anteil an schwerwiegenden Patientenschädigungen stammt, wie vorstehend beschrieben, aus der Übernahme ärztlicher Tätigkeiten (z. B. Injektionsfolgen), die in zulässiger Weise, aber auch unkorrekt delegiert gewesen sein kann. Daneben zeigen sich auch typische Problemfelder, wo die Verantwortung der Krankenpflege in zunehmenden Maße im Vordergrund steht und die ärztliche Mitverantwortung zurückdrängt. Besonders auf dem Gebiet der Rechtsprechung im Dekubitusfall zeichnet sich, ausgehend von einer ursprünglich alleinigen Haftung des Arztes, eine deutliche Verschärfung des Haftungsrisikos für Pflegekräfte ab. Im Folgenden soll auf die wesentlichen Fallgruppen der Pflegetätigkeit mit gravierenden beweisrechtlichen Vorteilen auf der Patientenseite näher eingegangen werden.

Ebenfalls ergeben sich aber auch besondere Haftungsbereiche im Zusammenhang mit der Pflegetätigkeit, die die Haftungsverantwortung in besonderem Maße als Organisationsverschulden dem Träger der Einrichtung zuweisen und einer gerichtlichen Beweislastumkehr zugänglich sind. Insbesondere sind dies die Bereiche Hygienemängel, fehlerhafter Umgang mit Medizinprodukten, neben einem mangelhaften Personaleinsatz (z. B. zuwenig Pflegepersonal in einer Abteilung).

4.3.3.1 Grobe Pflegefehler

Kommt das Gericht bei einem Schadensfall unter Beachtung des Sachverständigengutachtens zu dem Schluss, dass der Schaden auf eine grobe Fahrlässigkeit der Pflege zurückgeht, kehrt sich wie bei einem groben Fehler im Arztrecht die Beweislast um, und der Pflegemitarbeiter (oder der Einrichtungsträger) muss nachweisen, dass sein Fehlverhalten den Schaden nicht verursachte. Das Gericht geht von einer Kausalität für den Schaden aus, der Beklagte muss nun versuchen, diese Vermutung zu entkräften.

Grobe Pflegefehler bei Pflegetätigkeit äußern sich hauptsächlich im Bereich der Behandlungspflege (wie z. B. bei der Injektionsproblematik schon geschildert), der Lagerungsschäden durch mangelnde Prophylaxe (s. 4.3.3.5: Pflegefehler Dekubitus) oder auch durch Mängel bei der Krankenbeobachtung.

Gravierende Kompetenzüberschreitung können ebenfalls grobe Pflegefehler sein. Kompetenzüberschreitungen, als grobe Pflegefehler gewertet, werden beispielsweise darin gesehen, dass Pflegepersonal bei Anzeichen drohender Komplikationen es unterlässt, den Arzt hinzuzuziehen und eigenständige Therapieversuche unternimmt. In einem Fall 1985 vor dem LG Dortmund (vgl. Schell, S. 274 f. u. Böhme 1996, S. 20 ff.) wurden ein Krankenpfleger und eine Stationsschwester zu Schmerzensgeldzahlung verurteilt, die einem Patienten einen technisch fehlerhaften Blasenverweilkatheter unter Schwierigkeiten nach wiederholten Fehlversuchen (mit „sanfter" Gewalt) gezogen hatten. Dabei erlitt der Patient blutende Schleimhautverletzungen, welche zu einer Harnröhrenstriktur führten, die operativ beseitigt werden musste. Grundsätzlich bestätigte man in der Verhandlung eine Berechtigung seitens der Pflege zu einer Entfernung von Blasenkathetern in problemlosen Fällen. Das Gericht sah jedoch einen groben Behandlungsfehler darin, dass die beiden Handelnden bei dem Auftreten der Probleme nicht den Arzt hinzugezogen hatten, sondern eigenmächtig ihre Bemühungen fortsetzten. In der Urteilsbegründung heißt es, dass der grobe Pflegefehler darin bestand, den Grundsatz nicht zu beachten, dass bei Eintreten von Komplikationen der zuständige Arzt einzuschalten ist und alle eigenen Bemühungen in der Zwischenzeit einzustellen sind, da der Arzt über den besseren Kenntnisstand verfügt, ein risikoärmeres Vorgehen auszuwählen. Dieses grobe Fehlverhalten führte dazu, dass die Beklagten wegen der eintretenden Beweislastumkehr nun hätten nachweisen müssen, dass die Verletzung der Harnröhre auch bei einem Entfernen des Katheters durch den Arzt entstanden wäre.

Ein grober Pflegefehler liegt ebenfalls vor, wenn eine Krankenschwester einen Arzt von vornherein eigenmächtig zu der Behandlung überhaupt nicht hinzuzieht. Das OLG Oldenburg verurteilte 1996 eine Krankenschwester (gesamtschuldnerisch zusammen mit dem Krankenhausträger) zu 12.000 DM Schmerzensgeld, weil sie eigenmächtig einen Patienten, der sich nachts in der Klinikambulanz vorstellte, wieder nach Hause schickte, ohne ihn einem Arzt vorzustellen (Pflegerecht 7/01, S. 240 ff.). Dieser war am Tage nach einer Mandeloperation (Tonsillektomie) entlassen worden und suchte die Klinik wegen Nachblutungen wieder auf. Als die Schwester keine frischen Blutungen feststellte, verwies sie ihn lediglich auf eine Eiswasserbehandlung. Zuhause kam es dann zu einer lebensgefährlichen Blutung bei dem Patienten. Das Gericht sah eine elementare Pflichtverletzung als gegeben und die Umkehr der Beweislast bei der Kausalität für gerechtfertigt, so dass es davon ausging, dass ein Arzt, sofern hinzugezogen, die Situation anders bewertet hätte und der Blutverlust hätte vermieden werden können.

In einem Fall vor dem OLG München stellte das Gericht fest, dass eine Krankenschwester keine Geburtshilfemaßnahmen durchführen darf (vgl. Pflegerecht 2/98, S. 50). Hier war es bei einer Patientin nach einer Geburt zu schweren Blutungen und schließlich zu dem Verlust der Gebärmutter gekommen. Obwohl nicht feststand, dass der richtigerweise indizierte Credèsche Handgriff (zur nachgeburtlichen Ablösung der Placenta) durch die Krankenschwester falsch durchgeführt worden sei, kam das Gericht zu dem Schluss, dass durch die mangelnde formelle Qualifikation der Schwester nun die Beweislast bei der Beklagtenseite liege. Da Geburtshilfehandgriffe alleine Ärzten und Hebammen vorbehalten sind, habe die Behandlerseite die Kausalitätsvermutung der mangelnden Qualifikation für den Schaden zu entkräften. Der Einsatz der Schwester berge ein erhebliches zusätzliches Risiko für die Patientin in sich, auch bei möglicherweise korrektem Vorgehen dieser.

4.3.3.2 Aufsichtspflichtverletzungen

Ein Patient kann während seiner Anwesenheit in einer Gesundheitseinrichtung noch weiteren gravierenden Gefährdungen ausgesetzt sein. Diese liegen im Bereich der allgemeinen Aufenthaltssicherheit, die durch mangelhafte Wahrnehmung der Verkehrssicherungs- u. Aufsichtspflicht gefährdet wird (vgl. Pflüger, S. 220). Besonders schadensträchtige Schwerpunkte bilden dabei Sturzereignisse im Rahmen der Pflege und Selbstschädigungen von Patienten durch (misslungene) Suizidversuche in Psychiatrien. Besonders bei Stürzen von Patienten haben es Pflegende und Pflegeeinrichtungen nicht leicht, sich von einer Schuld am Unfall zu entlasten (vgl. Lutterbeck, Pflege- & Krankenhausrecht 3/00, S. 67).

4.3.3.2.1 Beweislastumkehr bei Sturz eines Patienten

Anders als bei Misserfolgen bei der individuell-kurativen Behandlung des Patienten, die von den Unabwägbarkeiten des menschlichen Organismus beeinflusst werden und wo oft, aber nicht stets Beweiserleichterungen dem Betroffenen zugute kommen, ist dies bei Sturzereignissen nahezu durchweg der Fall (vgl. Pflüger, S. 248 u. 252). Nach einschlägiger Rechtsprech-ung muss nicht der Patient nachweisen, dass seitens des Personals fehlerhaft gehandelt wurde, sondern die Behandlungsseite muss den Nachweis erbringen, dass der Sturz nicht auf ein Fehlverhalten des betreuenden Personals zurückgeht (vgl. Lutterbeck, Pflege-& Krankenhausrecht 3/00, S. 67).

Im Gegensatz zu ärztlichen Behandlungsfehlern findet hier schon lange die Beweislastnorm aus dem § 282 BGB (alte Fassung, nun § 280) ausnahmsweise ihre Gültigkeit bei vertraglicher Haftung und deliktisch analog dazu die Gefahrenkreislehre (vgl. Pflüger, S. 252 f.): Risiken aus dem Einrichtungsbetrieb sind nach § 823 BGB von der Einrichtung zu verantworten, weil die notwendigen Maßnahmen zum Schutze des Publikums zu treffen sind und weil diese Risiken vom tätigen Personal voll beherrscht werden können. Während das OLG Düsseldorf 1981 das Verschulden am Sturz einer Patientin im Rahmen der Mobilisation durch die Pflege allerdings noch in einer mangelhaften Anordnung u. Instruktion durch den Chefarzt sah (vgl. Böhme 1996, S. 308), verneint die neuere Rechtsprechung hier üblicherweise eine ärztliche Haftung und verweist die Verantwortung in die Sphäre des Pflegediensts:
Ein halbseitig gelähmter Patient kam in einem Krankenhaus zu Fall, als ihn eine Krankenschwester vom Toilettenstuhl heben und auf die Bettkante setzen wollte (vgl. BGH, NJW 1991, S. 1540 f.). Die Krankenversicherung forderte aus übergegangenen Recht die Behandlungskosten für die Sturzfolge Oberschenkelhalsfraktur zurück und bekam den Anspruch bestätigt. Der BGH führte aus, dass hier nicht der Kläger beweisbelastet sei, sondern es die Pflicht der Einrichtung ist, den Beweis zu führen, dass kein pflichtwidriges Verhalten der Krankenschwester vorliegt, wenn ein Patient aus ungeklärten Gründen bei Transportmaßnahmen das Übergewicht bekommt und stürzt. Die Beweislastumkehr umfasse gerade auch die Risikosphäre des Pflegediensts, wenn dieser in seinem eigentlichen Aufgabengebiet tätig wird und nicht etwa Hilfsdienste im Kernbereich des ärztlichen Handelns leistet. Mit dieser Rechtsprechungspraxis wird betont, dass originäre Pflegetätigkeiten erstens vor allem im Risikobereich des Trägers angesiedelt und von diesem mit zu verantworten sind und zweitens dadurch auch leichte Fahrlässigkeit (nicht nur ein grober Fehler) generell mit Beweislastumkehr und dadurch mit einem verstärkten Haftungsrisiko beschwert sein kann.

Gleiches gilt für Stürze von Patienten, die in Pflegeheimen untergebracht sind. So wurde vor dem LG Mönchengladbach 1999 die Pflegekraft und ein Heimträger mit gleicher Begründung zu Schadensersatz verurteilt (vgl. Lutterbeck, Pflege- & Krankenhausrecht, 3/00, S. 67 ff.). Hier war eine 89-jährige, als ruhige Person bekannte, Patientin bei der morgendlichen Körperwäsche in einem winzigen Moment der Unaufmerksamkeit aus dem Bett gestürzt, als die Pflegekraft sich kurz wegdrehte, um den Waschlappen auszuwaschen. Das Gericht sah eine besondere Obhutspflicht dadurch gegeben, dass die Patientin tags und nachts Bettgitter am Bett hatte, was auf eine besondere Gefährdung hindeutet und somit immer mit einer plötzlichen Bewegung der Patientin hätte gerechnet werden müssen.

Problematisch ist auch eine Sturzverletzung von Patienten im Zusammenhang mit einem Toilettengang, bzw. dem ersten Aufstehen nach einer Operation. Es urteilte das Amtsgericht Marl 2002, dass beim ersten Aufstehen nach einer Vollnarkose immer eine Pflegekraft den Patienten zur Toilette zu begleiten habe und sah dadurch bei einem erlittenen Schwächeanfall mit Verletzungsfolgen eine Sorgfaltspflichtverletzung der Pflege mit Beweislastumkehr für gegeben (vgl. Lutterbeck, Pflege-& Krankenhausrecht, 3/02, S. 72 ff.). Dagegen sah das OLG Düsseldorf 2000 kein pflegerisches Versäumnis darin, einen Patienten beim ersten Gang nach Narkose nicht zu begleiten, sofern die Narkose vollständig abgeklungen ist, und somit sah man auch keinen Grund für Beweiserleichterungen für den Patienten.

In der Praxis versuchen Krankenversicherungen oft bei einem Sturz eines Heimbewohners Regress anzumelden und verlassen sich dabei fälschlicherweise darauf, hier nicht den Beweis antreten zu müssen (vgl. Lutterbeck, Pflege- & Krankenhausrecht, 2/02, S. 49 ff.). Es wird dabei übersehen, dass sich längst nicht jeder Sturz im voll kontrollierbaren Gefahrenbereich der Einrichtung abspielt und deshalb die Beweislast wie üblich beim Kläger verbleibt.

Beispielsweise erlitt eine Altenheimbewohnerin eine Oberschenkelfraktur, als sie anscheinend versuchte aus dem Rollstuhl aufzustehen, der mit angezogener Bremse von den Pflegekräften an den Tisch des Speiseraums gestellt worden war. Der Kläger, eine Krankenkasse, warf den Schwestern eine Aufsichtspflichtverletzung vor und hielt den Heimträger für beweisbelastet. Das Gericht sah aber keinerlei Fehlverhalten des Pflegepersonals, weil nicht vorgeworfen werden könne, eine Bewohnerin unbeaufsichtigt am Tisch stehen zu lassen, wenn es vorher keine Anzeichen für irgendeine Selbstgefährdung gegeben habe. Eine Dauerbewachung von Patienten sei personell nicht zu leisten und wäre nur mit unzulässigen, freiheitsberaubenden Fixierungen zu erreichen. Ebenfalls sei die personelle Besetzung der Station ausreichend gewesen.

Bei Sturzereignissen bleibt die Klägerpartei jedenfalls beweisbelastet dafür, ob eine vorwerfbare Pflichtverletzung des Pflegepersonals dabei überhaupt in Frage kommt.

4.3.3.2.2 Selbstschädigung von Patienten in der Psychiatrie

Sowohl Ärzte als auch das Pflegepersonal sind nicht nur zur fehlerfreien Behandlung der Patienten verpflichtet, sondern auch zur Überwachung und Schutz vor krankheitsbedingter Selbstgefährdung. Diese Pflicht besteht jedoch nicht uneingeschränkt. Sie besteht nur bei Veranlassung und dann in den Grenzen des Erforderlichen und des für Personal und Patient Zumutbaren (vgl. Roßbruch, Pflegerecht 7/01, S. 244). Die Rechtsprechung erkennt grundsätzlich an, dass eine lückenlose Überwachung nicht möglich ist und nur durch elementare Verstöße gegen verfassungsrechtlich garantierte Freiheitsrechte zu erreichen wäre. Ein Patient wäre bei einer haftungsrechtlichen Überspannung der Sorgfaltspflicht zur Überwachung in der Psychiatrie quasi wie ein Gefangener zu halten. Das widerspricht dem Verständnis der Menschenwürde nach Art. 1 GG und ebenfalls jeder psychotherapeutischen Zielsetzung, mit dem Inhalt selbstbestimmtes Leben mit persönlicher Verantwortung für Patienten (vgl. Großkopf, *Überwachungspflichten f. Ärzte u. Pflegepersonal*). Trotz der grundsätzlichen Pflicht zum wirksamen Schutz des Lebens ist die Haftung von Pflegepersonal und Ärzten im Fall einer Selbstverletzung oder eines Suizids eines (auch gerade deshalb aufgenommenen) Patienten eingeschränkt. Beweisschwierigkeiten für Versäumnisse des Personals gehen grund-sätzlich zu Lasten des Patienten, er hat die fehlerhafte Aufsicht zu beweisen. Eine generelle Beweislastumkehr in dem Sinne, dass ein Suizidfall für ein Verschulden der Betreuer spricht und durch diese zu widerlegen wäre, gibt es nicht.

Der Beurteilungsmaßstab, ob fehlerhaftes Handeln der Betreuer vorliegt ist, großzügig:
In einem Verfahren vor dem OLG Düsseldorf (vgl. VersR. 1984, S. 193 f. u. Böhme 1996, S. 302 ff.) war sowohl dem Träger als auch dem betreuenden Pfleger kein fahrlässiges Handeln nachzuweisen, obwohl das Gericht grundsätzlich einen Pflichtverstoß beim Patientenschutz und eine Schadenskausalität feststellte. Ein Patient, der sich wegen einer paranoid - halluzinatorischen Psychose in stationärer Behandlung in einer Nervenheilanstalt befand, sprang in der wahnhaften Vorstellung, die Stimme Gottes fordere ihn auf zu fliegen, von dem frei zugänglichen Balkon der Patientenbibliothek, nachdem ihm ein Krankenpfleger einen unbe-gleiteten Zugang dorthin gewährt hatte. Der Patient hatte schon mehrfache „Flugversuche“ dieser Art in der jüngeren Vergangenheit hinter sich gebracht. Das Gericht bestätigte, dass die Aufhebung der vollständigen Überwachung des Patienten objektiv falsch war und die Verletzung, ausgelöst durch einen Krankheitsschub, von den Betreuern zu verhindern gewesen wäre. Ebenfalls bejahte das Gericht die Zumutbarkeit einer fest geschlossenen Unterbringung in diesem speziellen Fall, die nicht stattgefunden hatte. Trotzdem verneinte das Gericht das Verschulden von Ärzten und Pflegern. Der Gesichtspunkt dafür war, dass bei der Behandlung solcher Patienten im Interesse des Freiheitsbedürfnisses und des Vertrauensverhältnisses ein Risiko bewusst in Kauf genommen werden muss und das Verhalten solcher Patienten kaum berechenbar ist. Die Behandelnden hatten die Entscheidung, dem Patienten nach dreimonatiger geschlossener Unterbringung nun mehr Freiheiten zu lassen, nachweislich sorgfältig abgewogen, es sei ihnen kein fahrlässiges Handeln nachzuweisen. Die Verantwortung des Krankenpflegers wurde ausdrücklich nach ärztlichen Grundsätzen bewertet und ebenfalls als

nicht fahrlässig bezeichnet. Es wurde zwar ein Risiko der Patientengefährdung bewusst in Kauf genommen und auch haftungsrechtlich objektiv falsch gehandelt (durch die Verwirklichung des Risikos im Sprung des Patienten), jedoch ist die Frage der Haftung für solche Fehler in diesem Medizinbereich eine Frage des Verschuldens (vgl. Böhme 1996, S. 305).

Dennoch sind alle zumutbaren Maßnahmen in personeller, räumlicher und organisatorischer Hinsicht zu treffen, um eine Sicherung eines Patienten zu gewährleisten (vgl. Roßbruch, Pflegerecht 7/01, S. 255). So urteilte das OLG Hamm (vgl. Debong/Andreas, Die Schwester / Der Pfleger 5/96, S. 469 ff.), dass es zu einer Beweislastumkehr kommt, wenn suizidgefährdete Patienten in schlechterdings unvertretbarer Weise auf einer Station mit 35 Patienten nur von einer einzigen Krankenschwester betreut würden. Hier war ein psychotischer Patient mit mehrfachen Suizidversuchen in der Vorgeschichte ebenfalls von einem Balkon einer offenen Station gesprungen und seitdem querschnittsgelähmt. Der beklagten Klinik wurde zur Last gelegt, mit einer mangelnden Stellenbesetzung (durch Urlaub und Krankheitsausfällen) ein grobes Organisationsverschulden begangen zu haben, zumal allein die weitläufigen Räumlichkeiten schon in der üblichen, spärlichen Normalbesetzung kaum zu überwachen waren und von einer Kraft allein überhaupt nicht mehr. Das Gericht ging davon aus, dass mit einer ausreichenden Besetzung der Suizidversuch verhindert worden wäre. Es wurde hier nur die Klinik in die Haftung genommen, aber die Pflegekraft, die verantwortlich war für die mangelhafte Personaleinteilung, hätte auch selbst belangt werden können.

4.3.3.3 Besonderer Bereich: Neugeborenenpflege und Geburtshilfe

Besonders gravierend sind die Patientenschäden auf dem sensiblen Gebiet der Säuglingsbetreuung. Dementsprechend weitreichend sind hier auch die gerichtlich zugesprochenen Schadensersatzsummen. Diese liegen, für deutsche Rechtsprechung ungewöhnlich, häufig weit im sechsstelligen Bereich (vgl. Rehborn, S. 377 ff.). Hiermit sollen die Folgen oft lebenslang bestehender, schwerster Behinderungen einigermaßen gemildert werden.
Der Einsatz einer ärztlich unbeaufsichtigten Hebamme bei einer Geburt ist haftungsrechtlich kein Fehler. Sobald allerdings Anzeichen für prä- u. perinatale Komplikationen auftreten, beginnt der Bereich, wo für Hebamme und hauptsächlich den Klinikträger das Risiko der Haftung mit Wirkung beweisrechtlicher Erleichterungen für den Patienten beginnt. So ist allein die Überlassung einer Risikogeburt an die für die Beherrschung pathologischer Situati-

onen generell minderqualifizierte Hebamme ein schwerer Organisationsfehler (vgl. Pflüger, S. 149). Für die Hebamme selbst liegt darin ein eigenes Übernahmeverschulden.
Der Einsatz von Pflegepersonal bei Geburten dagegen, auch nur zur Überwachung von Wehenschreibern (CTG), stellt immer einen schweren Organisationsfehler dar, der eine Beweislastumkehr nach sich zieht (vgl. Pflüger, S. 145).
Die Sicherung einer Schwangeren vor Geburt gilt als voll beherrschbares Risiko, welches vom Einrichtungsträger zu verantworten ist und wo die Beweislast bei ihm liegt. So verurteilte das LG Heilbronn (PflegeRecht 1998, S. 175 ff.) eine Klinik zu 200.000 DM Schadensersatz, in deren Kreissaal eine Frau ein vorgeburtliches Entspannungsbad nahm, dabei einen Ertrinkungsunfall erlitt, der zum Tod des Kindes und bei ihr zu einem schweren hypoxischen Hirnschaden führte. Das Gericht kam zu der Auffassung, dass der Träger organisatorisch mehr Sicherheitsmaßnahmen hätte ergreifen müssen. Der Gesundheitsschaden war durch einen Überwachungsfehler der Hebamme verursacht, für den aber die Klinik verantwortlich ist, die im Zuge der Beweislastumkehr im vollkontrollierbaren Risikobereich nicht beweisen konnte, dass der Unfall auch eingetreten wäre, wenn die Hebamme während des Entspannungsbads in unmittelbarer Hörnähe geblieben wäre. Das Gericht sah zwar eine Pflichtverletzung der Hebamme als erwiesen an, konnte ihr jedoch keine eigene Schuld zuweisen, da es keinen zwingenden, in diesem Fall vom Kläger geschuldeten, Beweis dafür erbracht sah, dass die Pflichtwidrigkeit zu dem Schaden geführt hätte. Eine Hebamme bei einer Gesunden ununterbrochen am Badewannenrand sitzen zu lassen, sei eine Übertreibung der Sorgfaltspflicht. Die Beweislastumkehr aus vollbeherrschbarem Risiko betrifft nur den Einrichtungsträger und nicht Ansprüche, die sich gegen die einzelne Pflegekraft richten.
Die Anforderungen an die Aufsichtspflicht bei Neugeborenen sind besonders hoch. So muss nach einem Neugeborenen alle 10 bis 15 Minuten geschaut werden (vgl. OLG Köln, Pflegerecht 1997, S. 84). In diesem Fall hatte eine Hebamme ein zunächst gesundes, unauffälliges Neugeborenes für einen Zeitraum von ca. 10 Minuten alleine bei seiner Mutter gelassen. Der Säugling wurde in dieser Zeit reanimationspflichtig und erlitt schwerste Hirnschäden. Das Gericht sah keine Pflichtverletzung der Hebamme. Trotzdem zeigt das Urteil, wie knapp die Entscheidungen zu Fehlverhalten oder nicht Fehlverhalten ausfallen. Hätten die Sachverständigen eine Zeitspanne für eine erforderlichen Überwachung festgelegt, die auch nur wenige Minuten kürzer gewesen wäre als 10 – 15 Minuten, hätte die Hebamme eine Schuld getroffen, ebenso wenn sie nur etwas länger als diese zehn Minuten nicht in das Zimmer geschaut hätte.

Wird ein Säugling aus ungeklärten Gründen mit einer Schädelfraktur unter einem Wärmebett gefunden, so spricht dieser Umstand allein für ein schuldhaftes Unterlassen der gebotenen Schutzmaßnahmen auf der Behandlerseite (OLG Naumburg, PflegeRecht 1999, S. 18 ff.).
In einem besonders schweren Fall von Fehlverhalten auf der Seite der Krankenpflege wurde auch gerade die Verantwortung des (Beleg-)Arztes verneint (OLG München, PflegeRecht 1998, S. 265 ff.). Hier erlitt ein Neugeborenes schwerste Hirnschädigungen, als die betreuenden Kinderkrankenschwestern auf eine langanhaltende Zyanose des Kindes nicht reagierten, den zuständigen Belegarzt nicht informierten und zu guter Letzt dann auch noch eigenmächtig einen Krankentransport in eine andere Klinik veranlassten, wobei das nunmehr intubationspflichtige Kind nur von einer Schwester lediglich unter Mund zu Mund – Beatmung begleitet wurde.
Die Beweislastumkehr für die Klinik ergab sich hier aus mehren Gründen: Neben mehrfachen groben Pflegefehlern (Nichtverständigung eines Arztes bei Zyanose, Veranlassung eines Transports ohne die erforderliche Arztbegleitung) kam hier noch eine mangelnde Aufklärbarkeit des Geschehens durch eine versäumte Dokumentation zum Tragen.

4.3.3.4 Mängel in der Pflegedokumentation

4.3.3.4.1 Zusammenhang Pflegedokumentation und ärztliche Dokumentation

Die Pflegedokumentation ist selbstverständlicher Bestandteil der Krankenakte und eine Pflichtleistung gegenüber dem Patienten aus einem Behandlungsvertrag (vgl. Höfert 1998, S. 32). Dabei ist zu beachten, dass die Pflegedokumentation rechtlich nicht getrennt wird von der ärztlichen Dokumentation, sondern mit ihr zusammen eine Einheit bildet. Für die Pflegedokumentation gelten die gleichen Grundsätze und beweisrechtlichen Regelungen wie für die bereits erwähnten der ärztlichen Dokumentation (s. 4.2.4.2).
Aus Krankenhausunterlagen müssen alle bedeutsamen Punkte der Anamnese, Diagnose, Therapie und sonstigen Behandlungsmaßnahmen hervorgehen (vgl. Bergmann, Das Krankenhaus 1999, S. 902 ff.), wobei schlagwortartige Aufzeichnung, für den Fachmann verständlich, ausreichend ist und Routinemaßnahmen nicht dokumentiert werden müssen. Dem Arzt obliegt die Gesamtverantwortung für die Dokumentation und im Bereich der Pflegedokumentation die Pflicht, diese auf Vollständigkeit zu überprüfen (*Anmerk.: Konnte der Verfasser in 20 Jahren Berufspraxis noch nicht ein einziges Mal beobachten)*. Im Rahmen ihrer Durchführungsverantwortung aus Delegation ist die Pflege für die Dokumentation der von ihr vorgenommenen Grund- u. Behandlungspflege jedoch selbst verantwortlich. Die Pflegedokumenta-

tion umfasst alle Schritte des prozessualen Ablaufs der pflegerischen Versorgung, genauer: alle Pflegebedürfnisse, die Krankenbeobachtung, Verlaufsbeschreibung, durchgeführte Maßnahmen, Befindlichkeit des Patienten, Pflegeempfehlungen bei Patientenverlegung und die lückenlose Dokumentation aller übernommenen, ärztlichen Tätigkeiten. Wird eine ärztliche Tätigkeit auf Pflegepersonal übertragen, so wird die Dokumentationspflicht der Durchführung auf das Pflegepersonal mitübertragen, die Anordnung selbst ist vom Arzt zumindest gegenzuzeichnen. Der Arzt ist grundsätzlich zur schriftlichen Fixierung seiner Anordnungen verpflichtet (vgl. Roßbruch, PflegeRecht 1998, S. 130).

Analog zum Arztrecht können (müssen aber nicht) Mängel und Lücken der Pflegedokumentation zu Beweiserleichterungen für Patienten bis hin zur Beweislastumkehr bei Pflegefehlern führen (vgl. Roßbruch, PflegeRecht 1998, S. 126). Die Handhabung unterliegt der richterlichen Entscheidung im Einzelfall.

4.3.3.4.2 Pflegedokumentation als Urkunde

Die Pflegedokumentation ist eine Urkunde, vor Gericht hat sie Beweiskraft. Eine dokumentierte Maßnahme gilt nach den Regeln des Anscheinsbeweis als erbracht, und das Gegenteil muss vom Patienten bewiesen werden. Die nachträgliche Veränderung, Ergänzung oder Streichung von Inhalten der Dokumentation ist eine Urkundenfälschung nach § 267 StGB. Beispielsweise war in einem, von besonders schweren Versäumnissen geprägten, Dekubitusfall (vgl. OLG Oldenburg, PflegeRecht 2000, S. 262 ff.) die Wahrscheinlichkeit hoch, die Pflegedokumentation sei in beschönigender Weise weit nachträglich erfolgt. Dies musste jedoch nicht näher untersucht werden, weil diese vorläufig für wahr hingenommene Dokumentation schriftlich Lagerungsintervalle der Patientin von über 6 Stunden direkt auswies und allein schon deshalb für einen groben Pflegefehler beweisend war.

4.3.3.4.3 Anforderungen an die Pflegedokumentation

In einer stichprobenartig durchgeführten Studie des Medizinischen Dienst der Krankenkassen ergab sich, dass die Pflegedokumentation generell eher schlecht geführt wird und der Zweck, die Pflege eines Patienten festzuhalten und für alle Beteiligten nachvollziehbar zu machen, oft verfehlt wird (vgl. Ruffing, Das Krankenhaus 1999, S. 463). Die praktische Handhabung ist defizitär, daraus resultieren beweisrechtliche Folgen für die Krankenpflege bei Haftungsprozessen.

Aus der Pflegedokumentation muss ersichtlich sein, wer, was, wann, wie und warum getan hat. Neben dem Patienten muss dies auch ein außenstehender Dritter (Richter) erkennen können (vgl. Roßbruch, PflegeRecht 1998, S. 128). Die Eintragungen müssen lesbar, knapp, präzise und aus sich heraus verständlich sein. Das Schreiben mit Bleistift, Gebrauch von Tipp-Ex, Überklebungen, ausradieren, völliges Schwärzen, etc. ist unzulässig. Die Dokumentation ist per Handzeichen zu unterzeichnen.

Die Eintragungen müssen zeitnah erfolgen. Ist dies jedoch nicht möglich (Arbeitsüberlastung) oder wurde es vergessen, können aufzeichnungspflichtige Angaben nachgetragen werden, wenn sie unter Datumsangabe als Nachtrag gekennzeichnet werden. So wertete im Fall eines Neugeborenen mit Hirnschädigung durch Spätreanimation (vgl. OLG Köln, Pflegerecht 1997, S. 84 ff.) das Gericht sogar das nachträglich angefertigte Gedächtnisprotokoll der Hebamme als beweiskräftige, einwandfreie Urkunde, da eine Manipulationsabsicht nur erkennbar wäre, wenn solch ein Nachtrag nicht als solcher gekennzeichnet wäre. Die sorgfältige Dokumentation in dem genannten Fall verhinderte geradezu eine Beweiserleichterung für den Patienten und damit einen ungünstigen Prozessausgang für die Beklagtenseite.

Entscheidend ist, dass Auffälligkeiten wahrgenommen werden und aus der Dokumentation hervorgeht, was dagegen unternommen wurde. Dies gilt insbesondere für Risikopatienten, die mit besonders intensiven Pflegemaßnahmen betreut werden müssen. Größte Bedeutung haben haftungsrechtlich deshalb Dokumentationsmängel im Zusammenhang mit Dekubitusfällen erlangt (vgl. Roßbruch, PflegeRecht 1998, S. 129). Enthält die Dokumentation weder eine Feststellung über eine erhebliche Dekubitusgefahr beim Patienten, noch die getroffenen Maßnahmen zur Vorbeugung oder Behandlung, oder fehlt die Eintragung über die erste Wahrnehmung eines Dekubitus, so liegt eine mangelhafte Dokumentation vor, die zu beweisrechtlichen Nachteilen führt.

4.3.3.5 Pflegefehler Dekubitus und Beweislastumkehr

Die Dekubitusproblematik ist in der Vergangenheit oft Gegenstand gerichtlicher Auseinander-setzungen gewesen. Nach Schätzungen sind etwa 5 – 10 % der Krankenhauspatienten, 30 % der geriatrischen Patienten in Heimen und Kliniken und 20 % der häuslichen Pflegefälle von einem Dekubitus betroffen (vgl. Großkopf, *Das Haftungsproblem „Dekubitus“*, S. 2). Statistisch ist mit einer Zunahme der Dekubitusrate zu rechnen, da die Zahl der Risikopatienten im Kranken- u. Altenpflegebereich steigt. Gerade im Bereich der Dekubitusfälle lässt sich eine kontinuierliche Entwicklung der deutschen Rechtsprechung im Pflegerecht erkennen. Die

Dekubitushaftung ist das klassische Gebiet einer verstärkten haftungsrechtlichen Verantwortung der Pflegeberufe geworden und ist, durch die Berichterstattung in den Medien über Missstände beispielsweise in Pflegeheimen, durchaus auch im Blickpunkt der Öffentlichkeit.

4.3.3.5.1 Die Entwicklung der Rechtsprechung

1974 erlitt ein Patient während einer fünfwöchigen Bewusstlosigkeit in einer Klinik 14 Dekubiti und massive Gelenkversteifungen. Eine Verurteilung 1983 durch das OLG Celle zu 10.000 DM Schmerzensgeld und 100 DM monatlicher Rente ist die erste veröffentliche Gerichtsentscheidung, die sich mit der Haftung im Dekubitusfall beschäftigt (vgl. Böhme 1996, S. 266). Die Schuld an der Sorgfaltspflichtverletzung sah das Gericht damals noch allein beim Arzt (belegärztlicher Leiter der Inneren Medizin) und in dessen Versäumnis, die Pflege des Patienten durch entsprechende Anordnungen zu regeln, ebenfalls auch in seiner Duldung einer Unterbesetzung der Abteilung mit Pflegepersonal.

Wesentliche Bedeutung hat das richtungsweisende Dekubitusurteil des BGH 1986 (vgl. NJW 1986, S. 2365 ff.). Hier begehrte eine halbseitig gelähmte Patientin Schadensersatz von fast 200.000 DM gegenüber einem Krankenhaus, wo sie einen großen Dekubitus am Steiß erlitten hatte, der zu einer starken Verzögerung ihrer Rehabilitation führte. Der BGH hob das klageabweisende Urteil der Berufungsinstanz auf, mit der Begründung, die gebotene Dokumentation sei mangelhaft, erschwere die Aufklärung des Sachverhalts und deshalb sei es unbillig, der Patientin die Beweislast für den behaupteten Behandlungsfehler aufzuerlegen. Die unterlassene Dokumentation ist ein Indiz für einen Behandlungsfehler, dieses zu entkräften sei Sache der Beklagten. Mit diesem Urteil wurde bestätigt, dass Mängel in der Pflegedokumentation beweisrechtlich Mängeln in der ärztlichen Dokumentation gleichzusetzen sind. Allerdings ging das Gericht wiederum von einem Versagen im ärztlichen Verantwortungsbereich aus (vgl. Großkopf, Pflege- & Krankenhausrecht 3/02, S. 67), da hauptsächlich eine Anordnungspflicht des Arztes für ausreichende Maßnahmen der pflegerischen Dekubitusprophylaxe als verletzt erachtet wurde. Der BGH ordnete, durch die vorbestehende, konkrete Gefährdungslage der Patientin in diesem Fall, die Dekubitusprophylaxe dem ärztlich verantworteten Bereich der Behandlungspflege zu, was in der medizinisch-juristischen Literatur nicht unumstritten blieb (vgl. Böhme 1996, S. 272).
1987 sah der BGH in einem anderen Dekubitusfall (vgl. Großkopf, *Dekubitusprophylaxe*) die Beweislastumkehr wegen einer mangelnden Pflegedokumentation in gleicher Weise für not-

wendig an. In der Urteilsbegründung heißt es, das Auftreten eines Dekubitus sei allenfalls durch intensive Pflegemaßnahmen zu vermeiden gewesen, die jedoch wieder nicht ausreichend ärztlich angeordnet und in ihrer Ausführung dokumentiert wurden. Es wird betont, dass die Entscheidung über das, was zu tun war, nicht allein dem Pflegepersonal überlassen sein durfte. Weiter rügte das Gericht das Fehlen allgemeiner schriftlicher Anweisungen des Krankenhauses hinsichtlich ausreichender Prophylaxemaßnahmen und verwies so erstmals auf verletzte Führungspflichten übergeordneter Hierarchieebenen.

In einem Strafprozess 1996 vor dem AG München (vgl. Böhme, Pflege- & Krankenhausrecht 2/00, S. 46) wurde erstmalig versucht, eine Pflegedienstleitung für eine Dekubitusentstehung wegen mangelnder Überwachung der erforderlichen Pflegemaßnahmen zu verurteilen. In diesem besonderen Fall scheiterte die Staatsanwaltschaft gerade an dem Dokumentationsmangel, denn im Strafprozess gibt es keine Beweislastumkehr. Im Strafprozess wirkt sich also ein Dokumentationsmangel ausnahmsweise geradezu günstig aus für den, der ihn verursacht hat. Der Angeklagte war freizusprechen mit der Begründung, es sei nicht mehr feststellbar, welche Pflegekräfte genau ein Verschulden trifft, und der PDL sei eine tägliche Überprüfung der Pflegemaßnahmen nicht zuzumuten.

Sah der BGH bisher lediglich eine ernsthafte Gefahr einer Dekubitusentstehung durch Pflegeversäumnisse, so gilt seit zwei Urteilen des OLG Oldenburg (vgl. PflegeRecht 2000, S. 262 ff.) und des OLG Köln (vgl. PflegeRecht 2001, S. 40 ff.) bei Auftreten eines Dekubitus der prima-facie-Beweis. Damit lässt das Auftreten eines erheblichen Druckgeschwürs regelmäßig auf grobe Pflegemängel schließen. Diese Beurteilung durch die Richter geht auf die Feststellung der Sachverständigen (Mediziner) zurück, ein Dekubitus sei auch bei Schwerstkranken durch geeignete Pflegemaßnahmen immer vermeidbar.

Die Gerichte wenden nunmehr bei der Beurteilung der Kausalität zwischen Pflegefehler und Dekubitusschaden die Beweislastumkehr wegen eines groben Pflegefehlers an und verweisen so auf eine direkte Verantwortung der Pflege. Der Rückgriff auf eine Beweislastumkehr aus mangelnder Dokumentation ist nicht mehr nötig (vgl. Großkopf/Klein, S. 231). Diese aktuelle Rechtslage hat eine enorme Steigerung des Haftungsrisikos der Pflege zur Folge und zeigt einmal mehr die immense Bedeutung der Sachverständigengutachten für den Ausgang von Zivilrechtsverfahren. Dabei sei darauf hingewiesen, dass die urteilenden Gerichte nach wie vor bei der Frage, welche Prophylaxemaßnahmen die Pflege hätte ergreifen müssen, keine Pflegeexperten als Sachverständige sondern Mediziner hinzuziehen. Anders ist auch nicht zu erklären, dass der BGH in seinem Urteil 1986 noch *„zweimaliges tägliches Waschen und Einreiben mit Franzbranntwein sowie Auftragen von Desitin-Fettspray auf die gefährdeten*

Partien...“ für eine ausreichende Dekubitusprophylaxe erachtete (vgl. NJW 1986, S. 2365 ff.). Das Wissen der beiden sachverständigen Medizinprofessoren zur Dekubitusprophylaxe *„stammte wohl aus dem Zweiten Weltkrieg, denn die ... geschilderten Maßnahmen sind in einem solchen Fall denkbar ungeeignet“* (Böhme, Pflege- & Krankenhausrecht 1/98, S. 3).

4.3.3.5.2 Sonderfall Dekubitus als Lagerungsschaden im OP

Treten Dekubitalgeschwüre durch einen Lagerungsschaden während einer Operation auf, so folgt die Rechtsprechung den (medizinischen) Sachverständigen, dass hier die Entstehung eines Dekubitus nicht immer zu verhindern ist (vgl. OLG Zweibrücken, Pflegerecht 1998, S. 88 ff. u. LG Hagen, Pflegerecht 2002, S. 228 ff.). Ist die fehlerhafte Anwendung eines Thermokauters (also eine Verbrennung) ausgeschlossen, gilt in der Konsequenz hier nicht der Beweis des ersten Anscheins. Beweiserleichterungen werden dem Patienten nicht eingeräumt. In den Urteilsbegründungen wird darauf hingewiesen, dass die behandelnden Ärzte keine wirkungsvolleren Maßnahmen hätten ergreifen können und somit das Geschehen schicksalhaft sei. In einem Fall bestanden auch massive Risikofaktoren bei der Patientin (Übergewicht, Diabetes u. Nikotinabusus). Zum Thema Dokumentationspflicht der Prophylaxen während einer Operation wurde gerichtlich festgestellt, dass diese Routinemaßnahmen seien, wo das Fehlen näherer Angaben keine Beweiserleichterung für den Patienten rechtfertige.
Dass die Verantwortlichkeit für einen Dekubitus anscheinend, je nachdem ob dieser aus der Domäne der Pflege oder aber der des Arztes stammt, mit zweierlei Maß gemessen wird, ist nicht zu übersehen.

4.3.3.5.3 Rechtliche Bedeutung von Pflegestandards am Beispiel Dekubitushaftung

Das Vorliegen schriftlich fixierter Pflegestandards in einer Einrichtung erleichtert die Dokumentation, es genügt der Verweis auf die Einhaltung der Pflege nach Standard, um im Verfahren den Beweis für das tatsächliche Stattfinden einer Maßnahme zu erbringen.
Dagegen bergen Standardisierungen aber auch haftungsrechtliche Gefahren in sich.
Allgemein herrscht wenig Klarheit über die Systematik der Begriffe Richtlinien, Leitlinien, Empfehlungen und Standards. Das deutsche Netzwerk für Qualitätsentwicklung in der Pflege (DNQP) definiert Pflegestandards als *„professionell abgestimmtes Leistungsniveau, das den Bedürfnissen der ... Bevölkerung angepasst ist und Kriterien zur Erfolgskontrolle ... mit einschließt.“* (vgl. Hanika, PflegeRecht 2001, S. 303).

Ob Standards den Charakter verbindlicher Rechtsnormen haben können, hängt von ihrer Ermächtigungsgrundlage ab. Es stellt sich die Frage, ob von regionalen, lokalen oder bundesweiten Institutionen entwickelte Standards verbindlich gemacht werden können und auch gerichtlich Bedeutung als Sorgfaltsmaßstab haben (vgl. Hanika, PflegeRecht 2001, S. 308). Haftungsrechtlich wird nicht zwischen Standards, Leitlinien und Richtlinien unterschieden, innerhalb von Berufsgruppen erstellte Standards binden zunächst die Gerichte nicht, und ein Verstoß gegen diese begründet noch keine Sorgfaltspflichtverletzung (vgl. Böhme, Die Schwester/Der Pfleger 2001, S. 1055). Aber: Standards sind Orientierungshilfen des Richters, konkretisieren also die „im Verkehr erforderliche Sorgfalt“ und definieren den für Sachverständige wichtigen Stand der Wissenschaft. Dieses Expertenwissen ist der Maßstab für die pflegerische Sorgfalt. Je mehr sich verbindlich formulierte Standards durchsetzen, desto mehr liegt die Vermutung nahe, dass derjenige der vom Standard abweicht, eine Sorgfaltspflichtverletzung begeht (vgl. Hanika, PflegeRecht 2001, S. 308). Dies zielt auf eine Beweislastumkehr zu Lasten der Heilberufe.

Ein Richter im Haftungsprozess kann einen Standard als vorweggenommenes Sachverständigengutachten werten. Pflegekräfte, die von diesen Standards abweichen, werden sich deswegen rechtfertigen müssen. Die Verfasser von Pflegestandards und anderen Verhaltensregeln müssen sich darüber im Klaren sein, dass sie, wenn sie die Messlatte der Qualität sehr hoch legen, Pflegekräfte, die korrekt aber abweichend handeln, in Beweisnot bringen können.

Andererseits können Standards auch für Rechtssicherheit sorgen. Der vom DNQP erstellte Expertenstandard *„Dekubitusprophylaxe in der Pflege“* ist ein durch Konsensus-Konferenzen evidenzbasierter u. bundesweit geltender Handlungsrahmen, der geeignet ist, dezentral eine hohe Pflegequalität zu sichern und eben solch ein antizipiertes Sachverständigengutachten zu sein. Gerade aber dieser Expertenstandard betont, dass ein Dekubitus im Pflegealltag, entgegen der augenblicklich herrschenden Spruchpraxis, in bestimmten Fällen (z. B. intensivmedizinische Grenzsituationen mit Katecholamintherapie) eben nicht immer vermeidbar sind (vgl. DQNP, *Expertenstandard*). Gleiches besagt auch die Dekubitusleitlinie der Deutschen Gesellschaft für Physikalische Medizin und Rehabilitation (vgl. Großkopf/Klein, S. 231).
Insofern ist die gegenwärtige Rechtslage in der Spruchpraxis zu Dekubitusfällen nicht als endgültig geklärt zu betrachten. Zukünftig sind weitere richtungsweisende Entscheidungen wahrscheinlich.
Zusätzlich kann die den Patienten momentan zugebilligte Beweiserleichterung im Dekubitusfall über den Anscheinsbeweis relativ leicht erschüttert werden. Die beklagte Pflegekraft muss

nur, ggf. unter Zuhilfenahme eben des Expertenstandards, glaubhaft machen, dass ein atypischer Verlauf vorlag und sämtliche, dem medizinischen Behandlungsstandard entsprechenden, Maßnahmen durchgeführt wurden. Dies verweist wiederum auf die Rolle der Dokumentation. Führt eine mangelhafte Dokumentation unweigerlich zu beweisrechtlichen Nachteilen auf der Behandlerseite, so ist andererseits die Pflege gerade mittels einer penibel und ordnungsgemäß geführten Dokumentation am ehesten in der Lage einen Entlastungsbeweis gegen den ersten Anschein einer Sorgfaltspflichtverletzung zu führen (vgl. Großkopf, *Decubitus – ungeklärte Haftungsproblematik*).

4.3.3.6 Organisationsversagen und Pflegetätigkeit

Den Träger einer Einrichtung im Gesundheitswesen trifft die Verpflichtung, eine an den Aufgaben orientierte, zweckmäßige Organisation zu schaffen, wobei z. B. im Krankenhausbetrieb durch den Gesundheitszustand der Patienten von einer gesteigerten Gefahr auszugehen ist (vgl. Deutsch, NJW 2000, S. 1745). Aus der Pflicht zu einer geeigneten Organisation haben die Gerichte den Grundsatz gebildet, dass wegen Organisationsversagen gehaftet wird. Verstöße gegen organisatorische Pflichten zum Schutze des Patienten sind Behandlungsfehlern gleichzusetzen (vgl. Laufs § 102, RdNr. 3).
Wird vor Gericht im Schadensfall aus pflegerischer bzw. ärztlicher Tätigkeit ein Organisationsverschulden festgestellt oder auch nur vermutet, kommt es zur Beweiserleichterung bis hin zur Beweislastumkehr (vgl. Deutsch, NJW 2000, S. 1749). Der Hintergrund dazu ist der Gedanke, dass Organisationsfehler ein voll beherrschbares Risiko sind und als Ergebnis technisch-kooperativer Maßnahmen (z. B. Personalauswahl, -einsatz u. -kontrolle, Dienstvorschriften) des Trägers nicht von der Unabwägbarkeit des menschlichen Organismus beeinflusst werden, wie die eigentliche medizinische Behandlung (vgl. Pflüger, S. 252).

Gerade die Fehlhandlungen der Pflege, wie z. B. ein vermeidbarer Sturz eines Patienten, sind in diesem voll kontrollierbaren Risikobereich angesiedelt, eher noch als Patientenschäden durch den Arzt. Grobes Fehlverhalten des Pflegepersonals ist ebenso haftungsbegründend für den Träger, wie die Unterbesetzung einer Station, beides ist mit Beweislastumkehr verbunden (vgl. Großkopf/Klein, S. 225 f.). Wird z. B. ungeeignetes Personal bei der Patientenbehandlung eingesetzt, hat der Träger der Einrichtung zu beweisen, dass sich die mangelnde Eignung nicht in dem Körperschaden niedergeschlagen hat (vg. BGH, NJW 1991, S. 1542). Der Träger hat die Hauptverantwortung für seine Patienten, insbesondere wenn es sich dabei um Kinder oder Patienten mit Eigengefährdung handelt. Darüber hinaus ist für ausreichend hygienische Verhältnisse zu sorgen und die Funktionstüchtigkeit aller medizinischen Apparate sicherzustellen. Ferner muss der Träger im Rahmen seiner allgemeinen Verkehrssicherungspflicht dafür sorgen, dass sich Patienten und Besucher gefahrlos in der Einrichtung aufhalten und bewegen können.

Exemplarisch sollen hier einige Beispiele aus den Bereichen „Einsatz von Medizinprodukten“ und „Hygiene“ die Rechtsprechung auf dem Gebiet des Organisationsversagens veranschaulichen, da hier die Krankenpflege stark am Arbeitsprozess beteiligt ist.

4.3.3.6.1 Mängel in der Hygiene

Es ist dienstliche Pflicht eines Krankenhausträgers, als Gemeinschaftsaufgabe der Krankenhausleitung, die Hygienemaßnahmen zu organisieren (vgl. Böhme, Pflege- & Krankenhausrecht 2/98, S. 29). Die Verantwortung für die Einhaltung von Hygienevorschriften liegt bei Pflege und Arzt, da die Hygiene keine ausschließlich dem ärztlichen Bereich zugeordnete Aufgabenstellung ist und die Pflege beispielsweise Hygienefachkräfte stellt.

1981 hatte der BGH über einen Fall zu urteilen, wo eine Patientin Schmerzensgeld begehrte, die Dauerschäden (rechtsseitige Teilparese) durch einen septischen Schock wegen einer bakteriell verunreinigten Infusion (Calciuminfusion zum Kyle-Test bei Hyperkalzämie) erlitten hatte (vgl. NJW 1982, S. 699 f.). Hier wurde nachgewiesen, dass die betreffende Infusion, entgegen den Hygieneregeln, von der zuständigen Krankenschwester des Spätdiensts zeitlich deutlich zulange vor der Applikation fertiggestellt und so die Infektion verursacht wurde. Das Gericht hob hervor, dass die Ärzte und das Pflegepersonal durch ihre Arbeitsverteilung die Beachtung grundlegender Hygieneregeln geradezu unmöglich gemacht hatten. Unter diesen Umständen war es an dem Krankenhaus zu beweisen, dass ihm kein Organisationsverschulden zur Last fällt, das zu der bakteriellen Verseuchung der Lösung geführt hat. In der Urteilsbegründung (S. 699, II b) heißt es: *„Der Organisationsbereich, in dem diese Verseuchung entstanden ist, wird voll von dem bekl. Krankenhaus beherrscht... . Für diesen Risikobereich ist ihm durchweg eher als dem ... Patient zuzumuten, die Vorgänge ... aufzuklären. Es wäre unbillig, ihn, der aufgrund eines objektiven Fehlers im Bereich des Krankenhauses ... zu Schaden gekommen war, in seiner praktisch nicht behebbaren Beweisnot zu belassen.“*

Das Krankenhaus hätte sich nun mit dem Beweis einer sorgfältigen Organisation der Hygienemaßnahmen und einer genauen Anleitung und Überwachung des Personals entlasten

müssen, konnte dies aber nicht. Dieses Urteil war richtungsweisend, da es die Umkehr der Beweislast in Fällen des Organisationsverschuldens zu einem tragenden Grundsatz gemacht hat (vgl. Giesen, S. 142).
Beweislastumkehr kommt jedoch nicht in Betracht, wenn sich eine Infektion auch bei Anwendung der Sorgfaltsmaßnahmen nicht immer vermeiden lässt. So ist die Infizierung einer Operationswunde durch ein Mitglied des OP-Teams kein haftungsrechtlich relevanter Vorgang, da absolute Keimfreiheit bei Arzt u. Pflege im OP nicht erreichbar ist und die Wege der Keimübertragung nicht voll kontrollierbar sind (vgl. BGH, NJW 1991, S. 1541).

Zur Ermittlung der erforderlichen Sorgfalt bei Schadensfällen aus Hygienemängeln verwendet die Rechtsprechung oft die Leitlinien und Empfehlungen der medizinischen Berufsfachverbände (vgl. Pflüger, S. 201). Die Sicherstellung der Hygiene ist ein dicht mit Einzelregelungen durchzogener Bereich der Heilbehandlung. Neben gesetzlichen Vorschriften (z. B. Bundesseuchengesetz) finden sich zahlreiche Richtlinien verschiedener Institutionen (z. B. Robert-Koch-Institut) oder Krankenhaushygieneverordnungen der Länder, die den wesentlichen Hygienekautelen Rechtsnormqualität und Schutzgesetzcharakter verleihen, was bei Nichteinhaltung eine Beweislastumkehr für den Krankenhausträger zur Folge hat. Ein Verstoß gegen die Hygienebestimmungen ist regelmäßig als grobes Versäumnis zu werten (OLG Düsseldorf, VersR. 2000, S. 1019). Sogar schon die Ergebnisse von Arbeitskreisen aus hygienerelevanten klinischen Tätigkeitsbereichen können Einfluss auf den gerichtlich anerkannten Hygienestandard und die Beweislastverteilung haben (vgl. Pflüger, S. 205).

4.3.3.6.2 Fehlerhafter Einsatz von Medizingeräten u. -produkten

Medizinisch-technische Geräte müssen im Medizinbetrieb sicher sein. Seit 1986 legt die MedGV für Hersteller, Betreiber und Anwender erweiterte Sorgfaltspflichten im Umgang mit medizinischem Gerät fest. Es sind bei Nichteinhaltung der Prüfvorschriften (als Nebenstrafrecht) Geldbußen bis DM 50.000 und Freiheitsstrafen bis zu einem Jahr vorgesehen (vgl. Böhme 1996, S. 295).
§ 10 MedGV bestimmt, dass medizinisch-technische Geräte (z. B. Infusomaten, Perfusoren, Narkose- u. Beatmungsgeräte) nur von geeigneten Personen bedient werden dürfen, die zuvor in die sachgerechte Handhabung eingewiesen wurden. Allein diese Bestimmung macht deutlich, dass die zivilrechtliche, aber auch strafrechtliche Haftung von Pflegepersonal, Ärzten und Einrichtungsträger seither erheblich verschärft ist. Behauptet ein Patient einen

Schaden aus einer Verletzung der Verhaltenspflichten der MedGV, so trifft den Anwender (Klinikpersonal) und Betreiber (Krankenhausträger) der Anlage die volle Beweislast. Ein Krankenhausträger muss organisatorisch sicherstellen, dass die Geräte in funktionellen Zustand erhalten und Reparaturen unverzüglich vorgenommen werden. Wartung und Kontrolle der Geräte erfolgt durch speziell geschultes Personal, die Geräte sind bedienungsfreundlich räumlich anzuordnen. Ebenso sind Bedienungsfehler im Zusammenwirken von Arzt, Pflege und Geräten zu vermeiden und Vorsorge zu treffen durch Personalfortbildungen und Einüben von Notsituationen (vgl. Gehrlein, S. 51 f.).

Die MedGV wurde 1994 durch dass weitergefasste Gesetz über Medizinprodukte (MPG) ergänzt, welches neben den Apparaten der MedGV noch Instrumente (z. B. Skalpelle, Endoskope) und Stoffe (z. B. Knochenzement) erfasst, insbesondere auch Implantate (Herzschrittmacher, künstliche Organe). Enthalten sind ebenfalls Vorschriften zu Medizinprodukten mit Messfunktion, häufig bedient durch Personal der Heilhilfsberufe beispielsweise EKG, EEG u. CTG (vgl. Pflüger, S. 192 f.). Das MPG ist eine umfassende normative Grundlage für klinische Organisationspflichten, ohne jedoch ausdrücklich objektive Haftungsvorschriften festzulegen. Betreiber und die Anwender unterliegen hier besonderen Organisationspflichten. Konkretisiert werden die Pflichten durch die Medizinprodukte-Betreiberverordnung (MPBetreibVO), die zunächst den Träger verpflichtet, umfangreiche Funktionsprüfungen und Einweisungen, sicherheitstechnische Kontrollen vorzunehmen und genaue Wartungsintervalle einzuhalten. Die Anwender werden dagegen verpflichtet, Geräte zweckbestimmt einzusetzen, sich einweisen zu lassen und vor allem sich vor jeder Inbetriebnahme von der ordnungsgemäßen Funktion zu überzeugen (vgl. Pflüger, S. 196 f.). Die Einbeziehung fast sämtlicher Gegenstände der medizinischen Behandlung in den Anwendungsbereich des MPG bewirkt eine enorme Verrechtlichung der klinischen Behandlung. Der Betrieb von Medizinprodukten zählt als voll beherrschbares Risiko und belastet die Behandlungsseite (haupts. Träger, daneben Arzt und Pflegekraft) mit dem kaum möglichen Beweis eines organisationsfehlerfreien Verhaltens.

Die Gewährleistung korrekter technischer Voraussetzungen wurde allerdings auch schon vor dem MPG als eine beherrschbare, vertragliche Nebenpflicht des Trägers angesehen und einer Beweislastumkehr zugänglich gemacht. Der BGH sah in einem Urteil bei einem Narkosezwischenfall (apallisches Syndrom nach hypoxischem Hirnschaden bei einem Patienten während einer Hüftgelenksoperation) genau diese Pflicht aus Vertrag nach § 282 BGB (alte Fassung) für objektiv verletzt. Durch eine Schwenkung des Narkosemittelverdampfers (Vapor) war es zu einer unbemerkten Einklemmung der Schläuche der Frischgaszufuhr gekommen. In einem solchen Fall *„bestehen in der Regel keine Bedenken, die Beweislastgrundsätze des § 282 BGB auch auf eine sogenannte positive Vertragsverletzung anzuwenden."* (BGH, NJW 1978, S. 584). Der beklagte Klinikträger hätte beweisen müssen, dass der ordnungswidrige Zustand des Narkosegeräts nicht von einem der Angestellten verschuldet war. Als Nebenpflicht aus dem Behandlungsvertrag ist einem Patienten ein funktionstüchtiges Narkosegerät zur Verfügung zu stellen. Parallel dazu ergibt sich eine Beweislastumkehr in solchen Fällen auch deliktrechtlich nach der vom BGH entwickelten Gefahrenkreislehre (vgl. Giesen, S. 396).

Die Anforderung an die Personalorganisation im Pflegebereich bei Betrieb und Überwachung technischer Geräte ist hoch. Es ist ein Organisationsfehler, wenn die Überwachung von CTG-Kurven einer dafür nicht qualifizierten Nachtschwester überlassen wird (vgl. BGH, VersR. 1996, S. 976). Aber auch einfache Medizinprodukte bedingen unter Umständen eine erhöhte Anleitungs- u. Überwachungspflicht, die im Schadensfall ein Organisationsfehler sein kann. So ist eine unbemerkte Ablösung des Infusionssystems von einer peripheren Venenverweilkanüle mit hohem Blutverlust bei einem Kind lebensgefährlich und hätte eine verstärkte Hinweispflicht auf engmaschige Kontrollen durch das Pflegepersonal notwendig gemacht (vgl. BGH, VersR. 1994, S. 356).

5. Zusammenfassung und Ausblick: Das Haftungsrisiko der Krankenpflege

Das Haftungsrecht in Medizin und Pflege dient in erster Linie dem Schutz eines potentiell geschädigten Patienten und Pflegebedürftigen, also deren Interesse am Ersatz eines Schadens (vgl. Welti, Pflege- & Krankenhausrecht 3/99, S. 61). Die Zivilgerichte stehen dabei vor der schwierigen Aufgabe, im Einzelfall für einen nachvollziehbaren und gerechten Interessenausgleich zwischen dem geschädigten Individuum und den Akteuren der Behandlerseite, Arzt, Pflegekraft oder die juristische Person des Einrichtungsträgers, zu sorgen. Dabei kommen die geschilderten Verfahrenserleichterungen (z. B. verminderte Substantiierungspflicht) und die richterrechtlich ausgeformten Beweiserleichterungen bis hin zur Beweislastumkehr als Hauptfaktoren zum Tragen, um in den meist komplizierten Schadensfällen auch tatsächlich Recht zu sprechen und für Gerechtigkeit zu sorgen. Die weitgehend einheitliche und widerspruchsfreie Handhabung dieses besonderen Beweisrechts bei Heilbehandlung, erreicht durch die Vorbildfunktion des BGH, wurde zudem unter dem Gesichtspunkt der „Waffengleichheit" verfassungsrechtlich kontrolliert und gibt somit Rechtssicherheit.
In der Tat bleibt kaum ein Aufgabenbereich der Pflege und auch des Arztes im Schadensfall von der zumindest potentiellen Anwendung von Beweiserleichterungen für Patienten ausgenommen. Dies an konkreten Beispielen aufzuzeigen, war mit eine Intention der vorliegenden Arbeit. Sichtet man Urteilsbegründungen von höchstrichterlichen Entscheidungen, kommt man nach Ansicht des Verfassers nicht umhin, dem Bemühen um Ausgewogenheit bei der Rechtsfindung in dieser komplizierten Materie Heilbehandlung großen Respekt zu zollen.

Trotzdem darf nicht übersehen werden, dass es für Patienten nicht einfach ist, bei einem Anspruch Recht zu erhalten. Abgesehen von der psychischen Belastung für einen ohnehin gesundheitlich beeinträchtigten Patienten, sein Verfahren über lange Jahre durch die Instanzen oftmals bis vor den BGH zu treiben, hängt der ungewisse Ausgang, trotz aller entwickelten Beweiserleichterungen dennoch gerne an einem seidenen Faden. So ist es für das Rechtsempfinden des Verfassers unverständlich, wenn bei Nerven- u. Infektschäden durch intramuskuläre Injektionen es zu einer eindeutig behandlungsbedingten Verletzung des Patienten kommt, aber ein Ausgleich durch Schadensersatz nur der Patient erlangt, der unmittelbar Schmerzen angegeben hat und bei dem die Schadensfolgen quasi ohne nennenswerte zeitliche Verzögerung in Erscheinung treten. Aus dieser Sicht lässt sich die Frage stellen, ob dem auch politisch beschworenen Ausbau der Patientenschutzrechte mit der Abdeckung von Schadensfällen durch die Haftpflichtversicherungen der Einrichtungsträger und niedergelassenen Ärzte gedient ist. Die Haftpflichtversicherer können, kommt es zum Rechtsstreit vor überlasteten Gerichten, über Jahre abwarten, ob im Schadensfall der Patient nach dem Alles-oder-Nichts-Prinzip einen Anspruch zugesprochen bekommt oder nicht. Dem Interesse der Patienten, im weitesten Sinn auch als Verbraucherschutz zu sehen, könnte die Entwicklung einer Art Behandlungsschadensversicherung durchaus eher entsprechen, die mit Leistungen einspringt, ohne unbedingt erst gerichtlich die Schuldfrage zu klären. Hierbei wäre es nach Ansicht des Verfassers auch nicht legitim, die Finanzierungsbelastung hierfür der Patientenseite allein aufzubürden.

Im Brennpunkt der gerichtlichen Auseinandersetzungen stehen nach wie vor die Arzthaftungsprozesse. Über die vergleichsweise geringe Anzahl der Pflegehaftungsprozesse gegenüber den Arzthaftungsprozessen kann nur spekuliert werden. Welti führt dies darauf zurück, dass im Bereich der Krankenhäuser nach wie vor das Prinzip der ärztlichen Gesamtverantwortung gilt und ansonsten durch fehlerhafte Pflege aufgetretene Schäden nicht so einfach festzustellen sind, wie dies bei einer misslungenen Operation der Fall ist (vgl. Pflege- & Krankenhausrecht 3/99, S. 60). Pflegerische Fehler, wie eine unterbliebene Aktivierung oder eine Leidenserhöhung durch unsachgemäßes Vorgehen, entziehen sich der Klage, weil der Schaden schwer messbar ist und Pflegebedürftige und deren Angehörige nicht konfliktfähig oder -willig sind. Allenfalls die eben messbaren Lagerungsschäden im Dekubitusfall gelangen bis zum BGH.

Der Arzt ist durch seine wesentlich invasivere Patientenbehandlung, die nicht nur am Beispiel einer Operation direkt in das Schicksal der Patienten eingreift, selbstverständlich stärker in der Verantwortung und auch in hohem Maß dem Risiko eines gravierenden Patientenschadens ausgesetzt, als die Krankenpflege. Dies mag das auffällige Übergewicht der Arzthaftungsprozesse erklären. Einem größeren Haftungsrisiko im Schadensfall als die Krankenpflege aber unterliegt er nicht.

Das Haftungsrisiko eines Heilberufs, also das Risiko ein Verfahren zu verlieren, wird gesteuert von den zivilgerichtlich gewährten Beweiserleichterungen und insbesondere auch der breiten Anwendung der Beweislastumkehr. Gerade im Arzthaftungsprozess besteht aber immer die Möglichkeit, dass der Schaden als schicksalhaft eingetreten vom Patienten hinzunehmen ist, sich somit einer Beweiserleichterung entzieht. Dagegen bedingt die generelle zivilgerichtliche Zuordnung vieler Tätigkeitsbereiche der Krankenpflege in eine voll kontrollierbare Risikosphäre, die einer permanenten Beweislastumkehr den Weg ebnet, geradezu ein höheres Haftungsrisiko (zumindest für einen Einrichtungsträger) bei Patientenschäden im Aufgabengebiet der Pflege. Schäden aus der Pflegehandlung sieht die Rechtsprechung überwiegend in einem Bereich, wo diese durch die Anwendung einer ausreichenden betrieblichen Organisation und vertretbarer Standards grundsätzlich vermeidbar sind. Für beide Berufsgruppen gilt insgesamt, dass sich durch die Anwendungsregeln der Beweislastumkehr, entwickelt von der Rechtsprechung ab etwa Mitte des letzten Jahrhunderts und ausgehend vom Arztrecht, das Haftungsrisiko kontinuierlich verschärft hat. Für die Krankenpflege bleibt abzuwarten, in welchem Maß die Gerichtsentscheidungen den Professionalisierungs- u. Emanzipationsbemühungen des Berufsstands folgen werden und bei Verfehlungen dem Pflegeberuf selbst eine eigene, klare Verantwortung und Arztunabhängigkeit zusprechen.

Die Haftung in medizinischen Gesundheitsbetrieben ist in erster Linie eine Organisationshaftung (vgl. Deutsch, NJW 2000, S. 1749), und die Jurisdiktion hat damit, im Interesse des Patientenschutzes, mit dem Einrichtungsträger als Hauptverantwortlichen einen finanziell potenten Haftungsgegner geschaffen (vgl. Welti, Pflege-& Krankenhausrecht, 3/1999, S. 60). Gerade im Bereich der Organisationshaftung wird auch die Beweislast im Zivilprozess zu Ungunsten der Einrichtung weitgehend umgekehrt. Etwas überspitzt formuliert lassen sich auch letztlich alle Schadensfälle, da immer durch menschliches Fehlverhalten ausgelöst, grundsätzlich als Organisationsfehler auf mangelhaften Personaleinsatz u. -überwachung zurückführen (vgl. Pflüger, S. 126). Hierzu wird in der Literatur kritisch angemerkt, dass durch die extensive Formulierung haftungsauslösender Organisationspflichten die Rechtsprechung das Verschulden als kollektives Systemversagen zu anonymisieren versucht und sich so ein Stück weit von den Sachverständigen emanzipiert, da sich ein fehlerhafter Organisationsstandard einfacher und mit wesentlich weniger Sachverständigenhilfe bestimmen lässt, als ein medizinisch-wissenschaftlicher Standard (vgl. Pflüger, S. 241 f.).

Jedoch ist die Schädigung durch die medizinische Behandlung die primäre Ursache für Schadensersatzforderungen von Patienten und nicht ein Fehler in der Organisation einer Pflegeeinrichtung (vgl. Lutterbeck, Pflege- & Kankenhausrecht 2/00, S. 37).
Durch die Organisationshaftung wird auch keineswegs die Krankenpflege als Berufsgruppe oder die einzelne Pflegekraft aus ihrer Verantwortung entlassen. Die Regelungen des Haftungsrechts treffen jede Pflegekraft für Schäden aus eigenem Handeln, sofern vom Patienten eingefordert. Eine persönliche Haftbarmachung, die im Falle einer groben Pflichtverletzung auch nicht automatisch auf den Arbeitgeber abgewälzt wird, ist immer möglich, auch wenn eine gesamtschuldnerische Verurteilung zusammen mit dem Träger die Regel ist. Strafrechtliche Verstöße gar treffen ausschließlich die Pflegekraft selbst und lassen sich nicht durch eine Haftpflichtversicherung abdecken.

Einer Berufsgruppe, der das Wohl ihrer Patienten in ihrer eigenen Sphäre ethische Pflicht ist, kann auch bei weitgehender Organisationshaftung die Rechtslage nicht gleichgültig sein. Das Risiko der Haftung ist aber auch von elementarer Bedeutung für das tägliche Handeln der einzelnen Pflegekraft. Richtungsweisende Urteile setzen Prozesse der Selbstkontrolle der Pflegenden in Gang.

Primär das Haftungsrecht formt die Rechte und Pflichten, indem es die Mindestmaßstäbe der Sorgfaltspflicht gegenüber den Patienten festlegt und so verhindert, dass Substandards zur Norm werden. Die Berufung auf ein übliches, aber fehlerhaftes Vorgehen verhindert nicht die Haftung.

Die im Prozess der Professionalisierung der Pflegeberufe entwickelten Standards der Patientenversorgung können auch das Haftungsrecht in der Pflege beeinflussen (wie am Beispiel des Expertenstandards Dekubitusprophylaxe geschildert).

Das Haftungsrecht kann aber nicht das Problem der Eigenständigkeit der Pflege gegenüber dem Arztberuf lösen und den „arztfreien Raum" festlegen (vgl. Welti, Pflege- & Krankenhausrecht 4/99, S. 89), obwohl die Frage nach dem eigenen Verantwortungsbereich der Pflege bei der Betrachtung des Pflegehaftungsrechts immer mitschwingt. Die Eigenständigkeit der Pflege ist eine berufspolitische Frage, bei der es eher um den zukünftigen Platz im Gefüge des Gesundheitssystems geht, das einem erheblichen Verteilungskampf um Ressourcen unterliegt (vgl. Welti, Pflege- & Krankenhausrecht 2/99, S. 29 f.). Die Kompetenz für die Gesundheitsversorgung der Bevölkerung ist weitgehend monopolisiert im wohlorganisierten Ärztestand. Jedoch weist allein die Tatsache der Entwicklung einer Pflegewissenschaft schon auf ein eigenes Feld der Kompetenz der Pflegekräfte hin. So ist auch seit Einführung der Pflegeversicherung in diesem Gesundheitsbereich die Fachpflegekraft und nicht der Arzt die Leitprofession. Mit der sozialpolitisch unterstützten Verlagerung der Pflege vom stationären in den ambulanten Sektor seit Einführung der Pflegeversicherung, entsteht durch die arztferne Berufsausübung der Pflegedienste zwangsläufig ein arztfreier Raum, zumal es keine direkte vertragliche Bindung zwischen Ärzten und dem Träger einer Pflegeeinrichtung, bzw. zu dessen Mitarbeitern gibt (vgl. Böhme 1996, S. 316)

Die Diskussion um eigene Vorbehaltsaufgaben der Pflege wird bestimmt von der Erwartung der Berufsangehörigen, sich zum Einen gleichberechtigt nicht unter sondern neben der Medizin anzusiedeln und zum Anderen, sich gegen eine Aufgabenübernahme durch minderqualifizierte oder ungelernte Kräfte zu wehren. Vorbehaltsaufgaben wird der Gesetzgeber aber nicht aus einem, wenn auch verständlichen und vielleicht berechtigten, Interesse einer

Berufsgruppe heraus gesetzlich definieren, sondern allenfalls wegen dem gewichtigen Interesse der Bevölkerung an guter Gesundheitsversorgung.

Dennoch kann das Haftungsrecht der Pflege in bescheidenem Maß auch brauchbare Impulse zur Abgrenzung vorbehaltener Aufgabenbereiche liefern. Die Zweifel der Zivilgerichte beispielsweise an der Eignung von Pflegehelfern zur Durchführung von Injektionen, die über die Subkutantechnik hinausgehen, legen eng begrenzt faktische Vorbehaltsaufgaben gegenüber weniger qualifizierten, bzw. angelernten Hilfskräften fest.

Abschließend festgestellt, ist es nach Ansicht des Verfassers nicht negativ aufzufassen, wenn sich durch beweisrechtliche Sonderregeln vor dem Zivilgericht das Haftungsrisiko der Krankenpflege weiter verschärft. Die Beweislastumkehr ist lediglich die gerichtliche Beseitigung einer konkret vorhandenen Benachteiligung des Patienten im gebotenen Umfang. Dies kann vielmehr die positive Auswirkung haben, dass sich innerhalb des Pflegeberufs durch eigene qualitätssichernde Maßnahmen der Standard und der Sorgfaltsmaßstab der Patientenbetreuung verbessert. In Widerspruch zu der These, die Pflege würde durch eigene Verantwortungsbereiche einem unkalkulierbaren und unangebrachten Haftungsrisiko ausgesetzt (vgl. Ulsenheimer, Das Krankenhaus 1/97, S. 25) muss für einen Beruf, der sich zunehmend zur eigenständigen Profession mit eigenen Verantwortungsbereichen entwickelt, das Einstehen für die eigenen Fehler der Berufangehörigen gegenüber ihren Patienten eine Pflicht sein. Die Möglichkeit auch Einstehen zu können, sollte ausdrücklich eine Forderung der Vertreter des Berufsstandes sein. Professionalisierung erfordert unbedingt die Zuweisung der Verantwortung für einen eigenen Bereich und gerade auch der Haftungsverantwortung. Sowohl die einzelne Pflegekraft, als auch der Arzt sind vor existenziellen Krisen wegen zivilrechtlicher Schadensersatzverurteilungen durch Haftpflichtversicherungen gleichermaßen gut geschützt.

6. Literaturverzeichnis:

BERGMANN, Karl Otto: *„Risk-Management bei der Pflegedokumentation"*, Das Krankenhaus 12 (1999): 902 – 904.

BÖHME, Hans: *„Die Eigenständigkeit der Krankenhauspflege im Spannungsverhältnis zur ärztlichen Gesamtverantwortung: 1. Teil"*, Pflege- & Krankenhausrecht 1 (1998): 2 – 4.

BÖHME, Hans: *„Die Eigenständigkeit der Krankenhauspflege im Spannungsverhältnis zur ärztlichen Gesamtverantwortung: 2. Teil"*, Pflege- & Krankenhausrecht 2 (1998): 29 – 34.

BÖHME, Hans: *„Zum Kausalitätsnachweis in der Führungsverantwortung bei mangelhafter Dekubitusprophylaxe"*, Pflege- & Krankenhausrecht 2 (2000): 46 – 47.

BÖHME, Hans: *Das Recht des Krankenpflegepersonals; Teil 2: Haftungsrecht;* 4. Aufl., Stuttgart (u. a.): Kohlhammer, 1996.

BÖHME, Hans: *„Rechtliche Verbindlichkeit von nationalen Standards"*, Die Schwester/Der Pfleger 12 (2001): 1054 – 1057.

BRENNER, Günter: *Rechtskunde für das Krankenpflegepersonal einschließlich des Altenpflegepersonals und anderer Berufe im Gesundheitswesen: Lehrbuch und Nachschlagwerk für die Praxis,* 6. neubearb. Aufl., Stuttgart (u. a.): Fischer, 1997.

BRETZINGER, Otto; Büchner-Uhder, Willi: *Bürgerliches Recht und Zivilprozeßrecht: Anspruch – Urteil – Vollstreckung,* 2. Aufl., Baden-Baden: Nomos, 1991.

BROGLIE, Maximilian: *Arzthaftungsrecht: Grundlagen und Praxis,* Hg. Ehlers, Alexander; Broglie, Maximilian, 2. Aufl., München: Beck, 2001.

BUNDESÄRZTEKAMMER (Hg.): *(Muster-)Berufsordnung für die deutschen Ärztinnen und Ärzte (MBO-Ä 1997/2002),* i. d. Fassung v. 1997, geändert d. d. Beschlüsse des 105. Deutschen Ärztetages 2002, http://www.bundesaerztekammer.de/30/Berufsordnung/10Mbo/index.html vom 15.4.2003.

BUNDESMINISTERIUM für Gesundheit und Soziale Sicherung (Hg.): *Begründung zum Gesetz über die Berufe in der Krankenpflege,* http://www.bmgs.bund.de/download/gesetze/gesundheitsberufe/krankenpflege-gesetz/begruendung.pdf vom 08.04.2003.

BUNDESMINISTERIUM für Gesundheit und Soziale Sicherung (Hg.): *Entwurf eines Gesetzes über die Berufe in der Krankenpflege...,* http://www.bmgs.bund.de/download/gesetze/gesundheitsberufe/krankenpflege-gesetz/krpflg.htm vom 08.04.2003.

DEBONG, B.; Andreas, M.: *„Personalmangel als grobes Organisationsverschulden des Krankenhausträgers"*, Die Schwester / Der Pfleger 5 (1996): 469 – 471.

DEUTSCH, Erwin: *„Das Organisationsverschulden des Krankenhausträgers"*, Neue Juristische Wochenschrift 24 (2000): 1745 – 1749.

DEUTSCH, Erwin: *Medizinrecht, Arztrecht, Arzneimittelrecht und Medizinprodukterecht: Eine zusammenfassende Darstellung...*, 4. Aufl., Berlin (u. a.): Springer, 1999.

DEUTSCHES RECHTSLEXIKON, Bd. 1: Buchst. A – F, 3. Aufl., München: Beck, 2001.

DNQP - Deutsches Netzwerk für Qualitätsentwicklung in der Pflege (Hg.): *Expertenstandard Dekubitusprophylaxe in der Pflege: Entwicklung - Konsentierung – Implementierung,* http://www.dnqp.de/ExpertenstandardDekubitusprophylaxe.pdf vom 11.04.2003.

EHLERS, Alexander: *Arzthaftungsrecht: Grundlagen und Praxis,* Hg. Ehlers, Alexander; Broglie, Maximilian, 2. Aufl., München: Beck, 2001.

EHLERS, Alexander; Broglie, Maximilian: *Arzthaftungsrecht: Grundlagen und Praxis,* Hg. Ehlers, Alexander; Broglie, Maximilian, 2. Aufl., München: Beck, 2001.

FRAHM, Wolfgang; Nixdorf, Wolfgang: *Arzthaftungsrecht: Leitfaden für die Praxis;* Hg. Lorenz, Egon, Schriftenreihe der Zeitschrift Versicherungsrecht, Heft 1, Karlsruhe: Verl. Versicherungswirtschaft, 1996.

GEHRLEIN, Markus: *Leitfaden zur Arzthaftpflicht nach der Rechtsprechung des Bundesgerichtshofes*, München: Vahlen, 2000.

GIESEN, Dieter: *Arzthaftungsrecht;* 4.erw. u. neubearb. Aufl., Tübingen: Mohr, 1995.

GROSSKOPF, Volker: *„Abweisung einer Patienten-Haftungsklage“,* Pflegezeitschrift 07 (2001): 515 – 517.

GROSSKOPF, Volker: *Der arztfreie Bereich in der Krankenpflege“,* Pflege- & Krankenhausrecht 3 (2002): 63 – 69.

GROSSKOPF, Volker: *Begründung der Vorlesungsinhalte.* http://www.recht-der-pflege.de /Vorlesung/Begrundung_der_Vorlesungsinhal/body_begrundung_der_vorlesungsinhal.htm l vom 19.01.2003.

GROSSKOPF, Volker: *Decubitus – ungeklärte Haftungsproblematik?,* http://www.pwg-seminare.de/thema_archiv/topthema11.php vom 19.01.2003.

GROSSKOPF, Volker: *Dekubitusprophylaxe,* http://www.recht-der-pflege.de/Urteile/ Urteil_2/body_urteil_2.htm vom 19.01.2003.

GROSSKOPF, Volker: *Das Haftungsproblem „Dekubitus“,* http://www.pwg-seminare.de/pdf/ aufsatz_dekubitus.pdf vom 19.01.2003.

GROSSKOPF, Volker: *Urteil 4,* http://www.recht-der-pflege.de/Urteile/Urteil_4/body_urteil_ 4.html vom 19.01.2003.

GROSSKOPF, Volker: *Überwachungspflichten für Ärzte und Pflegepersonal bei Suizidgefährdung und Verletzungsgefahr in der stationären Behandlung unter gleichzeitiger Berücksichtigung des Freiheitsanspruchs des Patienten,* http://www.pwg-seminare.de/aufsaetze /aufsatz_1000.php vom 19.01.2003.

GROSSKOPF, Volker: *Zulässigkeit der Übertragung ärztlicher Aufgaben auf Pflegekräfte,* http://www.pwg-seminare.de/thema_archiv/topthema05.php vom 19.01.2003.

GROSSKOPF, Volker; Klein Hubert: *Krankenpflege und Recht,* 2. überarb. Aufl., Balingen: Spitta, 2002.

HANIKA, Heinrich: *„Standards, Richtlinien, Leitlinien sowie Empfehlungen aus juristischer und ökonomischer Sicht",* PflegeRecht 9 (2001): 302 – 311.

HEIDERMANN, Rainer: *Arzthaftungsrecht: Grundlagen und Praxis,* Hg. Ehlers, Alexander; Broglie, Maximilian, 2. Aufl., München: Beck, 2001.

HENNIES, Günter: *Basiswissen medizinische Begutachtung: Rechtliche und inhaltliche Grundlagen des ärztlichen Fachgutachtens,* Hg. Marx, Hans Hermann; Klepzig, Harald, Stuttgart (u. a.): Thieme, 1998.

HÖFERT, Rolf: *Pflege im Spannungsfeld rechtlicher Anforderungen* http://www.dpv-online.de/Informationen/Pflege-Recht/Referat/RECHT.PDF vom 24.02.2003.

HÖFERT, Rolf: *Pflegethema: Spannungsfeld Recht;* Stuttgart (u. a.): Thieme, 1998.

KATZENMEIER, Christian: *„Aufklärungs-/Mitwirkungspflicht der nicht beweisbelasteten Partei im Zivilprozeß",* Juristenzeitung 11 (2002): 533 – 540.

KLIE, Thomas: *„Pflegewissenschaftlich überholt, sozialrechtlich brisant: Die Abgrenzung von Grund- und Behandlungspflege",* Pflege- & Krankenhausrecht 1 (1998): 13 – 17.

KÖHLER, Helmut: Einführung zu: *Bürgerliches Gesetzbuch,* Beck-Texte im dtv, 53. überarb. Aufl., München: dtv, 2003.

KRAUSE, Annette: *Haftung und Verantwortung in der ambulanten Pflege: Rechtliche Aspekte in 87 praxisnahen Fällen.* Hannover: Schlütersche, 1997.

LAUFS, Adolf: *Handbuch des Arztrechts.* Hg. Laufs, Adolf; Uhlenbruck, Wilhelm, 3. neubearb. Aufl., München: Beck, 2002.

LECKL, Piet: *Zivilprozessrecht 1: Erkenntnisverfahren.* 2. Aufl., Juristische Grundkurse 16, Dänischenhagen: Richter, 2002.

LUTTERBECK, Christian: *„Begleitung durch das Fachpflegepersonal beim Toilettengang – ein Dauerthema",* Pflege- & Krankenhausrecht 3 (2002): 72 – 74.

LUTTERBECK, Christian: *„Bettsturz einer Patientin während der Morgenpflege",* Pflege- & Krankenhausrecht 3 (2000): 67 – 68.

LUTTERBECK, Christian: *„Medikamenteneinnahme bei älteren Patienten nur unter Aufsicht des Pflegepersonals?"*, Pflege- & Krankenhausrecht 2 (2000): 37 – 38.

LUTTERBECK, Christian: *„Sturz aus dem Rollstuhl im Altenpflegeheim – immer vermeidbar?"*, Pflege- & Krankenhausrecht 2 (2002): 49 – 51.

LUTTERBECK, Christian: *„Verwechslung einer Infusion"*, Pflege- & Krankenhausrecht 4 (2002): 109 – 111.

MAAS, Hans-Jürgen: *„Kein „arztfreier Raum" in der Krankenpflege"*, Das Krankenhaus 1 (1997): 27 – 28.

MUSIELAK, Hans-Joachim: *Grundkurs ZPO: Eine Darstellung zur Vermittlung von Grundlagenwissen...*, 3. neubearb. Aufl., München: Beck, 1995.

PFLÜGER, Frank: *Krankenhaushaftung und Organisationsverschulden: Zivilrechtliche Grundlagen der Haftung...*, Berlin (u. a.): Springer, 2002.

PRÜTTING, Hanns: *„Gegenwartsprobleme der Beweislast"*, Hg: Wiedemann, Herbert, Schriften d. Instit. f. Arbeits- u. Wirtschaftsrecht d. Univers. z. Köln, Band 46, München: Beck, 1983.

REHBORN, Martin: *Arzt – Patient – Krankenhaus: Rechte und Pflichten;* 3. Aufl., München: dtv, 2000.

REUSCHLE, Fabian: Einführung zu: *Zivilprozessordnung: Sonderausgabe Zivilprozessreform,* 2. Aufl., München: Beck, 2002.

ROSSBRUCH, Robert: *„Die Pflegedokumentation aus haftungsrechtlicher Sicht"*, Pflege-Recht 6 (1998): 126 – 131.

ROSSBRUCH, Robert: *„Überwachungspflichten bei Selbstgefährdung eines deliranten Patienten"*, PflegeRecht 7 (2001): 244 – 255.

RUFFING, Gernot: *„Die Auswirkungen von Fehlbelegungsprüfungen durch den MDK auf die Pflegedokumentation"*, Das Krankenhaus 7 (1999): 463 – 466.

SAFFÉ, Michael; Sträßner, Heinz: *„Delegation ärztlicher Tätigkeit auf nichtärztliches Personal aus haftungsrechtlicher Sicht"*, PflegeRecht 4 (1997): 98 – 103.

SAFFÉ, Michael; Sträßner, Heinz: *„Delegation ärztlicher Tätigkeit auf nichtärztliches Personal aus haftungsrechtlicher Sicht: Teil 2"*, PflegeRecht 2 (1998): 30 – 37.

SCHELL, Werner: *Pflegerecht im Spiegel der Rechtsprechung.* Lizenzpflichtige Online-Veröffentlichung im PDF-Format, www.pflegerechtportal.de; 3. akt. u. erw. Aufl., Hannover: Schlütersche, 2003.

SCHLUND, Gerhard: *Handbuch des Arztrechts*. Hg. Laufs, Adolf; Uhlenbruck, Wilhelm, 3. neubearb. Aufl., München: Beck, 2002.

SCHULTE – SASSE, Hermann: *„Kooperation zwischen Ärzten und Pflegenden“,* Das Krankenhaus 1 (1997): 26 – 27.

STEGERS, Christoph: *Patientenrechte und Patientenunterstützung in Europa: Anregungen und Ideen für Deutschland,* Hg. Kranich, Christoph; Böken, Jan, Baden – Baden: Nomos, 1997.

STRACHWITZ-HELMSTATT, Gräfin Karin von: *Arzthaftungsrecht: Grundlagen und Praxis,* Hg. Ehlers, Alexander; Broglie, Maximilian, 2. Aufl., München: Beck, 2001.

THOMAS, Heinz; Putzo, Hans: *Zivilprozeßordnung mit Gerichtsverfassungsgesetz...,* 20. neubearb. Aufl., München: Beck, 1997.

UHLENBRUCK, Wilhelm, Laufs, Adolf: : *Handbuch des Arztrechts.* Hg. Laufs, Adolf; Uhlenbruck, Wilhelm, 3. neubearb. Aufl., München: Beck, 2002.

UHLENBRUCK, Wilhelm; Schlund, Gerhard: *Handbuch des Arztrechts.* Hg. Laufs, Adolf; Uhlenbruck, Wilhelm, 3. neubearb. Aufl., München: Beck, 2002.

ULSENHEIMER, Klaus: *Handbuch des Arztrechts.* Hg. Laufs, Adolf; Uhlenbruck, Wilhelm, 3. neubearb. Aufl., München: Beck, 2002.

ULSENHEIMER, Klaus: *„Neue Wege zur Organisation der Verantwortungsbereiche ärztlicher und pflegerischer Tätigkeit“,* Das Krankenhaus, 1 (1997): 22 – 26.

WELTLI, Felix: *„Vorbehaltene Aufgabenbereiche für Pflegeberufe. 1. Teil“.* Pflege- & Krankenhausrecht 2 (1999): 29 – 33.

WELTLI, Felix: *„Vorbehaltene Aufgabenbereiche für Pflegeberufe. 2. Teil“.* Pflege- & Krankenhausrecht 3 (1999): 57 – 61.

WELTLI, Felix: *„Vorbehaltene Aufgabenbereiche für Pflegeberufe. 1. Teil“.* Pflege- & Krankenhausrecht 4 (1999): 85 – 89.